JN001118

# －近代都市桐生を支えた－
# 桐丘学園創設者 長澤幹子

上毛新聞社

長澤幹子先生肖像画

# 発刊にあたって

学校法人桐丘学園理事長　**関﨑　亮**

　学園は、1901年桐生裁縫専門女学館として、長澤幹子により創設されました。文明開化の風潮や婦人の社会参加を背景に、いち早く女子教育の必要性を認識し、女性として自立するための自覚と技術を身に付けることが創立の目的でありました。以来、120年という長きにわたり、社会に出て役立つ人間の育成を建学の精神として、実学実践の教育理念のもと今日まで県教育界の先駆者として邁進して参りました。

　ご存じのとおり、創立時の明治後半から昭和初期にかけては波乱に満ちた激動の時代でありました。そのような社会環境のなかで、長澤幹子は公私ともに幾多の苦難に見舞われながらも、志高くして学園を創立し、確かな先見の明で今日の本学園の礎を築いて頂きました。

　そして、現在、我々は都市化、少子高齢化、情報化、国際化、また、東日本大震災や新型コロナウイルス感染症の流行など社会環境の急激な変化の渦中にあります。今後、私学経営を取り巻く環境がより一層厳しくなることが予想されます。創立120年を迎える節目に、改めて長澤幹子が歩んだ足跡に触れ向き合うことは、未曾有の時代を生き残るうえでとても大切な事であるとの考えに至りました。

　このような考えから、今回、本学園の評議員で、群馬地域学研究所代表理事でありNHKの大河ドラマ「花燃ゆ」の時代考証をはじめとする群馬県の歴史研究の第一人者である手島仁氏に長澤幹子に関する本格的な調査をお願い致しました。

　改めて長澤幹子の生涯を振り返るなかで、これまで分からなかった長澤幹子の新たな一面やひととなり、また、大妻学院の創始者で本学園に多大なるご支援をいただいた大妻コタカ先生とのご縁についての学びも深めることができました。また長澤幹子が幾多の苦難をいかに乗り越えたか、ま

た大妻コタカ先生をはじめ、いかに多くの方々の支えがあったかなど、これまでの本学の存続と発展に貢献してくださった方々への感謝の気持ちを新たに致しました。また今回の調査結果を単に共有すべき記録としてだけでなく、本学園史における貴重な道標として位置付け、学園関係者と心を一つにして今後とも学園の発展に鋭意努力して参りたいと存じます。

　最後に常に温かいご指導をいただいております文部科学省、群馬県をはじめとする関係諸機関、本学園の貴重な歴史的遺産を継承してきてくれた歴代の学園関係者、教職員の方々、ならびに本学園をこよなく愛し、支えていただいております同窓生の皆さま、そして、地域の皆さまに衷心より敬意を表すとともに、今回の調査を引き受け、このような立派な冊子としてとりまとめてくださった手島仁氏、上毛新聞社に改めて感謝申し上げます。

CONTENTS

# －近代都市桐生を支えた－
# 桐丘学園創設者 長澤幹子

# 第1章　生い立ち

## 1. 原宿の名家に

### 東海道の宿場町・原

　桐丘学園創設者の長澤幹子は、慶応3
年（1867）11月24日、駿河国駿東郡原駅
に生まれた。同地は現在の静岡県沼津市
原に当たる。

　幹子の生まれた慶応3年は激動の年で
あった。10月には15代将軍・徳川慶喜か
ら大政奉還の上表が朝廷に提出されると
ともに、武力倒幕をめざす薩摩・長州両藩
には討幕の密勅も下された。12月になる

長澤　幹子

と「王政復古の大号令」が出され、徳川幕府は滅亡し、天皇を中心とした
新政府が樹立された。

　幕末・維新の動乱は、その後も続いたが、翌4年9月には「明治」と改元さ
れた。したがって、幹子の人生は、明治という新しい時代とともに始まった。

　幹子の生まれた原駅は、江戸時代に東海道五十三次の17番目の宿とし
て栄えた。寛永10年（1633）に江戸・京都・大坂の3都を結んだ東海道に宿
場（宿駅）の制が定められ、同12年に3代将軍・徳川家光が武家諸法度を発
布し、諸大名に江戸と国元を一年交代で往復する参勤交代を義務付け、往
来が盛んになった。江戸時代の中期からは民衆の旅も盛んになり、歌川広
重の錦絵の風景画の代表作である「東海道五十三次」は、民衆の旅への関
心に応えて描かれ、原宿も「駿河の原」として描かれた。

　幹子の生家・長澤家は、農業を主としながらも、原が東海道の宿駅であっ
たことから、本陣（渡邊家）、脇本陣（櫻井家ほか）と肩を並べる「上旅籠」を

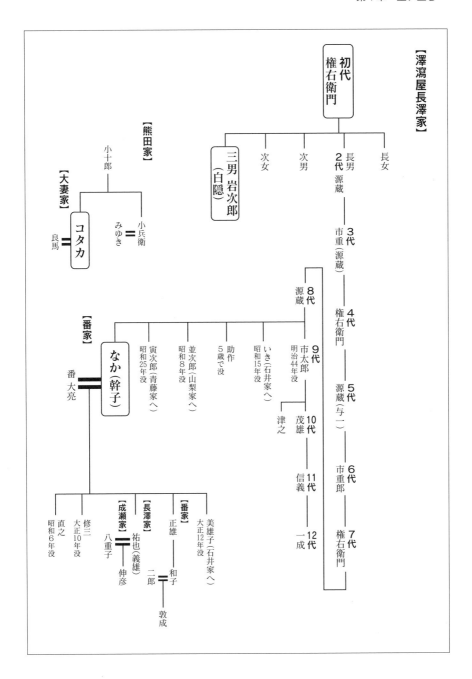

営んだ。長澤家は原宿でも屈指の旧家で、宿駅の年寄役、問屋場（といやば）の長を務める有力な家柄であった。

## 澤瀉屋・長澤家

　長澤家の系図（11頁）で初代権右衛門は、杉山家から長澤家へ養子に入った[1]。すると先代（義父）は屋敷を二分して西側を味噌屋（みそや）（長澤）戸右衛門（家名（いえな）、東側を澤瀉屋（おもだかや）（長澤）権右衛門の2軒に分け、両親と新夫妻が居を別にした。

　権右衛門夫妻は3男2女を授かった。長男は禅宗を奉じて松蔭寺（しょういんじ）の檀家となり、澤瀉屋を継承し、次男が母の信仰する日蓮宗を奉じ「味噌屋」を継いだ。三男・岩次郎が臨済宗中興の祖と称された白隠であった。澤瀉屋長澤家の3代市重（源蔵）の一人娘と味噌屋長澤家の六男を縁組させ、新屋（しんや）住吉屋（長澤）市兵衛家がつくられた。長澤家は澤瀉屋、味噌屋、住吉屋と3家の系譜があるが、江戸時代から原宿の名家であった。

　住吉屋の長澤市平は、明治22年（1889）に原町が誕生すると初代町長に選ばれ、3、4、5代と4期16年間、町長職を務め、2代町長・渡邊平左衛門のときは助役となって支えた。幹子の長兄で澤瀉屋・長澤家9代の市太郎は明治22年に町会議員に当選し、同26年には収入役に就任した。長澤家の人々は明治時代になっても、名望家として原町の町政を担った[2]。

　澤瀉屋・長澤は系図の通りで、幹子は8代源蔵の子として、4男2女の末っ子として生まれた。名

白隠禅師生誕地（生家跡）

前は「なか」であった。生家は現在、「白隠禅師生誕地」として産湯の井戸と
誕生碑が立つ史跡となっている（写真）。

## 「長澤幹子」の呼称

　幹子は「長澤なか」
として誕生した。明治
18年（1885）に番辰雄
（大亮）と結婚して、「番
なか」となった。桐丘
学園の前身である「桐
生裁縫女学校」を創設
する際に、群馬県へ提
出した書類には設置者
として「番なか」と表記

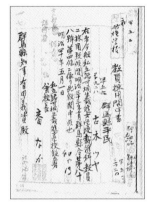

群馬県行政文書（群馬県立文書館蔵）

されている。しかし、昭和３年（1928）に番と離婚してからは亡くなるま
で「長澤幹子」を名乗った。

　これまで、幹子の表記については、「番なか」「番幹」「番幹子」「長澤なか子」
「長澤幹」「長澤幹子」という異同が見られた。本書では、前述した理由から
「長澤幹子」として統一することにした。

　ちなみに、明治44年（1911）８月５日に桐生町役場編纂で発行された『桐
生郷土誌』（77頁）には「校長番幹」とある。同40年に県へ提出された文書
には「番なか」とあることから、「なか」から「幹」へ改名したのはこの間とい
うことになる。昭和５年（1930）に大塚ラク・番義雄を教員として採用し
た県への提出文書には「長澤なか」と記し、「幹」の判を使用している。

　そうすると、編年的には「長澤なか」→「番なか」→「番幹」→「長澤なか・
幹子」というふうに変わったことになる。

## ２．白隠禅師を矜持に

### 臨済宗中興の祖・白隠禅師

　幹子の人間形成、または教育者としての幹子を考える時、幹子が臨済宗中興の祖といわれる名僧・白隠禅師を輩出した長澤家に生まれたことが、大きな意味を持った。白隠の教えが、明治・大正・昭和という時代に教育者・長澤幹子により、群馬県桐生において引き継がれたといえるからである。

白隠禅師（松蔭寺）

　白隠は、貞享２年（1685）12月15日、澤瀉屋・長澤家の初代権右衛門の三男・岩次郎として生まれた[3]。「男の一心、岩をも通す」との言葉からの命名であった。父が禅宗、母が日蓮宗の熱心な信者という宗教的環境で育った。15歳の時に原の松蔭寺に入り出家、僧名を「慧鶴」と名付けられた。19歳から各地を行脚修行し、20歳の時、禅の修行を捨て中国の詩文や書に親しんだ。23歳の宝永４年11月に富士山の大噴火に遭遇した。人々が逃げ惑う中、慧鶴だけは松蔭寺の堂中にあって、「捨身の修行のないところに真の成仏はない」と座禅を続けた。

　徳川家光の時代に京都・妙心寺に愚堂という傑僧がいた。愚堂の法嗣に無難、その弟子に道鏡慧端（正受老人）という僧がいた。正受老人に「お前の悟りは自己満足だ。衆生の救済という仏教の命題に役立っていない」と言われ、そのもとで修行し「大悟」を得た。享保２年（1717）、34歳で松蔭寺の住持、翌年に「花園第一座」（妙心寺の僧階）となり、「白隠」を名乗った（写真）。

　「解脱の人」となった白隠は、40歳以降は修行僧を指導するとともに禅の大衆化、衆生救済に専念した。松蔭寺だけでなく、自性寺（甲斐国／山梨県）、小林寺（備前国／岡山県）、宝福寺（備中国／岡山県）、能成寺（甲斐国／山梨県）、興福寺（信濃国／長野県）、南松院（甲斐国／山梨県）、瑠璃光寺（美濃国／岐阜県）、龍川寺（江戸・深川／東京都）などの寺院に招かれ、禅門の経典、語録の提唱を行った。参勤交代で東海道を通る岡山藩主（池田）、肥前藩主（鍋島）も松蔭寺の白隠に教えを乞うた。75歳の時には修行道場「龍沢寺」（静岡県三島市）を創建した。

　白隠の真骨頂は禅画にあった。禅の境地をありのままに画面に発揮し、庶民も禅を理解できるよう、画で法を説いた書画一致の無心の芸術といわれている。松蔭寺十七世・中島玄奘氏は「禅師の書画は、仏の道、神の道、人の道を、禅を通じて、吾々に御示し下さっている」と説く。

　白隠の生きた時代は幕藩体制が動揺し、飢饉や悪政に苦しむ農民の一揆が頻発した。白隠は村びとの施与によって最低の生活に甘んじ、因果応報の思想（悪政のツケは、因果応報して、本人に巡って来る）を説き、為政者を戒めた。白隠に共鳴し松蔭寺（鵠林山）に群参した村落の名望家（名主・豪農層）に、白隠は道号や龍杖を与え組織化した。これらの人々は「鵠林の居士群」といわれている。彼らがリーダーとなって地域の改良が図られた。人々は白隠を「おらが和尚様」と慕い、「駿河には過ぎたるものが二つあり。一に富士山、二に原の白隠」と敬愛した。

　明和5年（1768）12月11日、白隠は84歳で遷化。その徳風により、翌6年、後桜町天皇より褒賞と「神機独明禅師」の諡号が贈られた。さらに、明治17年（1884）5月26日には、明治天皇から「正宗国師」の諡号を賜った。同年に幹子は17歳であった。改めて白隠の生家に生まれたことの誇りを自覚したことであろう。

　大正2年（1913）に編纂されたと推定される『原町郷土誌』の「偉人、白隠禅師」の文章の最後が次のように結ばれている。この記述を見ても白隠の存在は大きなものであった[3']。

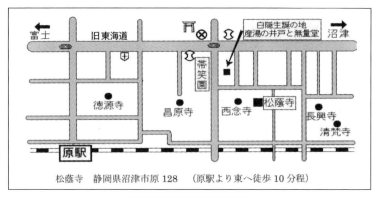

松蔭寺　静岡県沼津市原 128　（原駅より東へ徒歩 10 分程）

松蔭寺周辺図（松蔭寺提供）

　我が原町の人々よ、公等は白隠老師と同郷に生まれたるは、豈に一代の名誉にあらずや、須らく朝に夕に師の徳を追慕し、以て其の善根を養はれよ。


## 白隠の教え

　白隠が住職を務めた松蔭寺は禅宗の古刹で、鎌倉時代の弘安年間に創建された。現在は白隠宗大本山松蔭寺となっている。

　白隠が82歳の時に著した自叙伝に『壁生草』がある。その中に次のような文章がある。「参禅はすべからく三要を具すべし。一に大信根、二は大疑情、三には大憤志なり。この三つは一つも欠くことはできないが、この中で最も大切なことは大憤志」である。「大信根」とは固い信仰心。「大疑情」とはすべてを法の上において大いに疑って勉道すること。「大憤志」とは根性。白隠が偉人となったのは参禅上の三要を具備していたからといわれている(4)。

　幹子は参禅をしたわけではないが、その生涯をみると、固い信仰心、勉道、根性が備わっていた。白隠が「衆生の救済という仏道の命題」をその生涯にわたり実践したのに対し、幹子は裁縫教授を通して、女性の救済という命題を実践した。

　白隠の姿態を評する言葉に「虎視牛行」という中国の故語が充てられる。

「眼はトラの眼の如く鋭く、身体は牛の歩みの如くユッタリ」。幹子の写真を見て分かるように、その眼は鋭い。

　孫の石井基也は追悼文で、次のように述べている[5]。

　　…其の偉大な意志あらばこそ、良く今日の如き結果を齎らしたではないか。余等男子も及ばない学校経営をやってのけた。女子教育者として有名な人は他に多くあるが、祖母の様な不利な状態にあって、内外共に其の苦と戦ひ、良く此れを突破し、併せて好結果を得たるは、実に其の意志の賜であると信ずる。或人は祖母を評して『女として取るべき道ではない』と云った人もある。しかし祖母は一度正しいと信ずれば死しても変わらざる態度であった事は、我々男子の範とする所であると信ずる。

また、静岡の親戚の大川渉もこう述べている[6]。

　　…東海道原町、名僧白隠禅師の生家は、即ち叔母様の生家である。仄聞する叔母様の叡智と、忍耐と努力とは、蓋し長澤家先天的遺伝の然らしむる處であり、そして其の所産は、教育事業となつて現はれ、遂に今日の盛を致したものであろう。…

生前に幹子から、白隠の家に生まれたことを聞かされていた碓井三男は、追悼文で次のように語っている[7]。

　　…故人ハ貧富ヲ分タズ、富ニアユヲ呈セズ、貧ヲ軽ンゼズ。常ニ仁義感念強キ存在者タリ。人ノ艱難ヲ汲ンデ貧ヲ助クルノ温情ニ富メリ。徳高キオ智ニ長ケル、所謂賢婦人トヤ云ハン。…

# 第2章　番大亮との結婚

## 1. 自由と試練と

### 長崎県士族・番大亮

　幹子の夫となる番辰雄(のち大亮)は九州の対馬(府中)藩士の子として生まれた。対馬藩は対馬国府中(長崎県厳原町、現在は対馬市)を城地とする外様大名の中藩で、府中藩と呼ばれた。藩主は中世以来の島主の宗氏で、15代にわたった。朝鮮通信使の迎接をはじめ、朝鮮との外交・貿易関係の業務を独占的に担い、10万石以上の格を与えられた。明治2年(1869)に府中を厳原と改称し、廃藩後は厳原県となった[8]。

　番は19歳の時に東京に出て、裁判官になった。そして、判事として沼津区裁判所に赴任した。沼津区裁判所は、静岡地方裁判所に属し、東京控訴院の管轄に置かれた。管轄区域は駿東・富士・田方の三郡であった[9]。

　沼津区裁判所判事になったことで、幹子と知り合い、明治18年(1885)に結婚した。幹子は18歳であった。二人がどのようにして知り合い、結婚をしたのか、その経緯は不明である。

### 自由恋愛

　幹子の生家である澤瀉屋・長澤家には、10代当主茂雄氏の弟である津之氏が、昭和54年(1979)5月に作成した「旧称澤瀉屋長澤家歴代家系調査書」がある。同書の幹子(なか)のところには「慶応3年11月24日生」「九州生まれの番大亮と恋愛結婚をした」と記してある。幹子の兄・姉たちには生年、没年、婚姻先が記されているが、幹子には没年は記されていない。この記述の違いから、何を推測することができるであろうか。

　茂雄・津之両氏は幹子の長兄・市太郎の子どもで甥に当たる。当時の結婚は見合い結婚を前提として、名家では自由恋愛(恋愛結婚)は許されず、勘

当されることが一般的であった。幹子の結婚も自由恋愛であったことから、長澤家は許さなかったと思われる。また、幹子の没年が書かれていないことから、結婚後は長澤家とは交流を持たなかったと思われる。

　昭和6年（1931）に幹子が亡くなると、翌年に学園を継承した次男の長澤義雄（番祐也）が代表となって『長澤幹子追悼録』が出版された。同書に追悼文を書いている親戚と思われる人物は、「沼津親戚　春日たみ子」「親戚　熊田みゆき」「静岡親戚　大川渉」「三島町　望月徳門」の4人で、長澤家から文章を載せていないことを見ても、結婚後に幹子と長澤家との交流がなかったと推測することができる。

　こうしたことから、幹子と番大亮は、明治という新しい時代に自分たちの意思を貫き、生き抜こうとしたことが分かる。

　当時の結婚について、幹子が後事を託した大妻学院創設者の大妻コタカと比較して見よう[10]。コタカは明治17年（1884）に広島県に生まれ、幹子より17歳年少であった。向学心に燃え上京し、明治40年4月、24歳で正教員として神奈川県鎌倉尋常小学校に赴任した。1カ月後に近衛師団の連隊長をしていた従兄の長岡清三郎から最新の写真を持って東京・赤羽の長岡邸へ来るようにとの手紙をもらった。コタカは適齢期に達していた。それから1カ月後の6月に長岡邸に行くと、体格のがっちりした来客があった。清三郎と午前10時ごろから酌み交わしていた来客は写真とコタカを見比べた。コタカはこの来客が仲人かと思った。夕飯を一緒にと言われ座敷に進みお膳につくと、清三郎夫人のお酌で、まず清三郎が盃を飲み干し、次に来客が飲んだ。すると、清三郎がコタカに盃を勧めた。コタカは酒が飲めないと断ったが、真似事だけでもと言われ唇に付けた。すると、その盃で清三郎が飲み干し、「簡単ですがこれを以て三三九度の盃とします」と宣言した。

　これが、熊田コタカと大妻良馬の結婚であった。コタカは台所に下がり泣き崩れた。清三郎がやって来て「結婚というものは富くじをひくようなものだから、好いた同士で一緒になっても案外うまくゆかない人もあるし、

反対に知らぬ者同士でも心を合わせてゆけばきっとうまく治まるものだ、さあもう泣かずに行って御挨拶なさい」となだめた。

　良馬はコタカより13歳も年上で37歳。コタカの良馬の第一印象は「ただ、怖く非常に大きな人」であった。良馬は日清・日露戦争に参戦した陸軍軍人で、明治39年に退役し宮内省に勤め、再婚であった。

　7月に披露宴を挙げたコタカは「この日から私は名実共に大妻良馬の妻、大妻コタカとなりました。そして、良い馬の夫をさらによい馬になってもらえるような、良い妻でありたい」と誓った。当時の結婚は、コタカのようなケースが普通であった。

# 2.針一本の力で

### 番の総選挙出馬問題

　結婚を期に東京に出た幹子夫妻は、芝区南佐久間町に住んだ。番は「貴公子然、殿様風」の人で、家のことは一切かかわらず、幹子が仕切った。近くに犬養毅が居住していたので、親しく交わり、番は改進党員となった。犬養は明治23年に帝国議会が開かれると、郷里の岡山県から出馬し、連続して当選した改進党の幹部であった。

　番は、犬養毅を後ろ盾に衆議院議員選挙に出馬する準備を進めた。しかし、この時、番の人生を狂わせる事件に遭遇することになった。事件については『長澤幹子追悼録』に、清水義貴が「故長澤幹子刀自に関する貞節の片鱗」を書いて触れている。それ以外に資料がないため、この事件についてはこれまで調べられたこともなく、清水の文章がそのまま使われた。清水は番家の近くに住み、南佐久間小学校の教員であった。番夫妻の長女・美雄子の担任であったこともあり、親しくしていて、番が投獄中には幹子と共に見舞いに行くほどの間柄であった。

　清水の文章によると、事件の概要は次のようであった。番は長崎県の選挙区から立候補の準備を進めた。競争相手は「島村達雄」であった。島村

から「まず島村を当選させ、1年後に辞職し、番に譲る」という申し出があったので、これを受け入れた。しかし、当選した島村は約束を反故にしたばかりでなく、「番に金銭上の横領罪アリ」と検事局に密告した。当時の取り調べは差別的で、島村は衆議院議員、番は改進党員であったため、番は鍛冶屋橋監獄の未決所に10カ月間も投獄されたが、証拠不十分で「青天白日の身」となった。その時期は明治27、28年頃であったという。

　明治23年（1890）に帝国議会が開かれた。衆議院議員選挙の選挙制度は小選挙区制が採用された。自由民権運動の流れをくむ立憲自由党、立憲改進党が民党として政府と対立。政府は御用政党（吏党）の勢力拡大を試みるが、うまくいかず、選挙ごとに買収や選挙干渉が繰り返された。

　長崎県から衆議院議員になった人物を調査してみても、清水義貴の文章に出てくる「島村達雄」という人物はいない。ただし、第4回総選挙に長崎6区で「島村成達」（立憲自由党）が当選していた。第4回総選挙は第2次伊藤博文内閣で明治27年9月1日に執行された。こうしたことから、「島村成達」のことであると思われる。

　清水が幹子の追悼文を書いたときには75歳、犬養毅は立憲政友会総裁で内閣総理大臣になっていた。清水は番について次のように回想している。

　　…大亮君が素志を貫徹する能はず、失意中に今日に至りたるは君の為に無限の同情に堪えざるが、番君が反対党の島村氏と妥協の時、君が先に立たず一年後に譲りたるが後々の誤りと言はざるべからず。凡そ何人も最初の踏み出しの良否が、一生涯成否浮沈の大問題として、大いに此處に深く留意を払はざるべからず。…

**良妻賢母**

　番の投獄中に、幹子は幼い子どもを抱えながら、「針一本の力」で一家を支えた。これが裁縫学校を開設する原体験となった。幹子の裁縫の腕前は素晴らしく、月収24、5円を得て切り盛りした。

番は獄中にあっても武士気質の人であった。囚人の中に病人がいて食事が進まなかった。そこで、差し入れられた弁当の肉を分け与えたが、それが見つかり罰せられたという。

幹子夫妻は２女５男を授かった。長女・美雄子、次女・愛子、長男・正雄、次男・義雄までが東京で生まれた。孫の石井基也によれば、子や孫に対しては「優しい、寧ろやさし過ぎた程の愛情を持っていた」

左より長男 正雄、長女 美雄子、次男 義雄、次女 愛子

「幾つになっても同じ子供並に可愛がって下さった」というほど、盲目的であった[11]。

『桐丘学園創立七十年小史』によると、次女・愛子は桐生裁縫女学校で学んだが夭折。また、義雄の下に三男に当たる尊之がいたが、１年足らずで病死した。義雄は病弱であったので「祐也」を名乗らせたという。幹子は生前に、美雄子、愛子、尊之、修三、直之の２女３男を事故や病気で亡くしている。７人の子どものうち５人と死別するという逆縁であった。

# 第3章　群馬県桐生へ

## 1.四十銀行とシンクタンク

### 公証役場へ

　番は、群馬県桐生町から公証人として招かれ、一家で転住した。幹子夫妻は桐生に新天地を求めた。桐生市会初代議長を歴任した前原悠一郎は『桐生の今昔』[12]で、次のように述べた。

> 　森宗作氏や今泉健次郎氏などの斡旋に因り桐生町に始めて公証役場が開始され、番大亮氏がその職に衝られた。

　公証役場（公証人役場）は国の公務である公証事務を行うため、公証人は法的な知識と法律事務経験を有することが必要であった。森宗作や今泉健次郎らと番大亮がどのようにして知り合ったのかは不明である。

　ただし、番夫妻が森宗作ら桐生の有力者に招かれたことは、幹子と桐生裁縫女学校を考えるときに重要なことであった。二人が招かれた時期は、森らを中心に桐生が近代都市へと整備され発展するところであった。そうした中に番夫妻は加わり、幹子は女子教育の面で、その一角を担うことになる。幹子の教育事業が成功した大きな要因であった。

　そこで、当時の桐生はどのようであったかを考察してみたい[13]。

### 四十銀行と桐生懇和会

　群馬県桐生は江戸時代から織物の産地として「西の西陣、東の桐生」と称されていた。幕末開港による危機も克服し、織物業は明治時代以降も桐生の基幹産業で、桐生は「織都」と称された。

　桐生では「物産＝織物」と解されるほどであった。明治11年（1878）群

馬県山田郡と栃木県足利郡の織屋・買継（次）商171人は、不正品取引粗製乱造防止のため、「桐生会社」を設立した。同18年には「桐生物産会社」と改組し、錬張屋・紺屋・撚糸屋を組合員に加え、桐生織物発展の中心機関となった。同25年には「桐生商工業組合」に発展、織物製造業・織物仲買商・生糸商・撚糸商・錬張業・ロール業・染色業・染料商・機拵職・紋工・賃織業・筬職・呉服商をもって組織された。組合の目的と事業は、同業者が協

森　宗作

力して織物の改良進歩を図り、営業上の弊害を予防し、販路を国内外に拡張することであった。同30年には「桐生物産同業組合」と改組したが、桐生以外の地域では、どういう種類の物産を扱う組合か理解されなかったので、同38年に「桐生織物同業組合」となった。

　桐生では町の発展は織物工業以外にないという認識から、織物業と郷土のために活躍する人材の育成の２点が重要課題とされ、近代都市桐生の建設が図られた。

　その契機となったのが、明治31年に四十銀行の本店を桐生に移したことであった。群馬県内に本店銀行ができたのは、明治11年で、前橋に第三十九国立銀行、館林に第四十国立銀行が士族によって設立された。第四十国立銀行では、同12年桐生町（桐生市）、同20年長野県上田町（上田市）、同21年栃木県足利町（足利市）、東京日本橋小舟町に支店を開設。同22年に資本金を増資すると、桐生・足利の有力株主が続出した。

　明治31年、国立銀行は普通銀行となり、第四十国立銀行は株式会社四十銀行となった。すると、桐生の大株主は本店を館林から桐生に移す挙に出た。その理由は、桐生は日本有数の機業地であるが、土地生え抜きの金融機関がなく、織物業の発展にマイナスなためであった。さらに、ライバルの栃木県足利町に明治28年に足利銀行が誕生していたので、対抗意

識からも本店銀行が欲しかった。

　運動の中心となったのは、森宗作（2代）・書上文左衛門（かきあげぶんざえもん）・大沢福太郎らの有力者であった。こうして館林で生まれた四十銀行は、織都・桐生の本店銀行となった。頭取には森宗作、専務取締役には大沢福太郎が就任した。森・書上・大沢に加え、四十銀行総支配人になった秋田宗四郎は、四十銀行が桐生の有志と密接な関係を保つことが重要であるとして、有力者を網羅し、桐生の発展に尽くすことを目的に「桐生懇和会」という団体を、明治33年（1900）に組織した。この会が近代都市桐生建設のシンクタンクとなった。

　桐生懇和会の主な事業として、①『桐生商工業案内』の編纂刊行、②桐生駅の大規模改築、③電話設置、④渡良瀬水力電気株式会社の設立、⑤官立桐生高等染織学校（群馬大学工学部）の設置、⑥山田郡立桐生高等女学校（桐生女子高等学校）の設立などが挙げられる。同会が主導して桐生は近代的都市インフラの整備を実現した。さらに桐生懇和会では、東京から名士を迎え講演会を開き、文化の向上を図った。第1回は書上文左衛門の斡旋で、明治42年6月、渋沢栄一を迎え桐生織物同業組合で開催された。

　なお、森宗作の五男が歴史家の羽仁五郎である。

# 2．まちづくりを担う

### 自由都市桐生と中等・高等教育機関

　桐生は有力者が一体となってシンクタンク「桐生懇和会」を結成し、近代都市桐生を建設していったので、「自主独立」が気質となり、さながら自由都市の観があった。こうした流れの中で、公証役場も必要とされ、番大亮が招かれたのであった。番夫妻も近代都市桐生建設の一端を担うことになった。そのことが、幹子が裁縫学校を設置する背景であり、桐生の有力者から支援を得られた理由であった。

　次に、織物業の発展とともに重視されていた教育についてみることにしたい。

桐生の中等教育機関は、明治29年に開校した町立桐生織物学校が最初であった。栃木県足利に県立工業学校が設立されたことに刺激され、桐生商工業組合が中心となって設立した。同33年に県立移管し、同38年には県立伊勢崎染織学校を併合し、群馬県立織物学校となった。

桐生懇和会では、県立織物学校を発展させ高等教育機関を設置しようと、山田郡を出身地とする衆議院議員・武藤金吉（むとうきんきち）を通して

書上文左衛門

政府に、また神山閏次（こうやまじゅんじ）知事に要望し、官立桐生高等染織学校の設置運動を開始した。すると、設置条件として、県は県立織物学校の廃止を、政府は3年間35万円（うち県費20万円、桐生町費10万円）を寄付することを提示した。桐生懇和会ではこの条件を受け入れた上に、敷地と開校から4年間の経常費の寄付を決定し、大正2年（1913）に県立織物学校は廃校となり、同5年に官立桐生高等染織学校が開校となった。同校は同9年に桐生高等工業学校と改称した。

幹子が裁縫学校を始めた頃は、桐生では基幹産業である織物業の発展のため、県立織物学校や官立桐生高等染織学校といった教育機関の整備が中心で、女子中等教育機関の整備は不十分であった。明治34年（1901）に私塾として桐生裁縫専門女学館を創設し、同37年に知事の認可を得て桐生裁縫女学校と改称して、同39年に桐生町立裁縫補習学校を町から受け継いで併置していく流れは、桐生町が中等教育機関を整備していく流れと対応していることが分かるであろう。

桐生懇和会では、森宗作・書上文左衛門らが山田郡会に高等女学校設立案を建議し、森が5,000円と寄宿舎の建物を寄付し、明治41年に山田郡立桐生高等女学校が開校した。同校は群馬県立高等女学校（県立高崎女子高校）に次ぐ、県内2番目の高等女学校となった。入学者は山田郡だけで

なく、前橋市・高崎市・群馬郡・邑楽郡からもあった。大正6年（1917）に県立移管され、県立桐生高等女学校となった。

　こうして明治40年代には、桐生で小学校を卒業した女子は、桐生高等女学校、桐生裁縫女学校、桐生裁縫補習学校に進学する選択肢ができた。

　これに対して、男子は県立織物学校が廃校になったため、桐生に中等教育機関がなくなってしまい、県立前橋中学校（県立前橋高校）・県立太田中学校（県立太田高校）・栃木県立佐野中学校（県立佐野高校）や伊勢崎にある県立工業学校に進学するようになった。幹子の次男・義雄が、大正2年3月に桐生西尋常小学校、同4年3月に桐生尋常高等小学校を卒業し、同年4月に栃木県立佐野中学校に入学したのは、このような理由からであった。

　そこで、無名会が中心となって「桐生中学校期成同盟会」を結成し、中学校の設立を目指した。ちなみに中学校とは現在の普通制の高校である。また、無名会は、明治45年に結成された団体で、桐生在住で高等教育を受けた知識階級によって組織された。

　無名会が理想とした中学校は、卒業後に実業界に入って役立つ人材を養成する教育機関であった。画一的な県立中学校とは異なる特種科目を設け、人物を養成しようとした。そこで、町立で発足させた。町立ならば、県当局の干渉も穏やかで、実務家を養成する中学校とすることが可能であると考えた。当時、全国で町立中学校は、愛知県田原町（田原市）にあった1校のみであった。

　幹子の学校創立理念は『桐丘学園創立百周年記念誌』によれば、「実学実践」「社会に貢献できる人材の育成」にあったが、そもそも織物業が盛んであった桐生では、中学校設立の経緯で分かるように「実学実践」「社会に役立つ人材養成」が重視されていた。

　町立桐生中学校発足に当たり、群馬県当局が出した条件は、基本財産金3万円を用意することであった。そこで、森宗作が所有する模範工場桐生撚糸株式会社と両毛整織株式会社の各300株を当てた。こうして、町立桐生中学校は大正6年（1917）4月に開校し、同10年に県立移管となった。

## 桐生倶楽部

　近代都市桐生のシンクタンク桐生懇和会の発足後、わが国は日露戦争の勝利や産業革命による資本主義の進展などにより社会の変動が激しく、多くの人々が時代と共にその担い手となった。織都として発展した桐生も同様であったので、桐生懇和会は時代の進展に合わせて新会員を募集し、社交的倶楽部にすることになった。

　そこで、金子竹太郎と前原悠一郎が調査員として、東京の日本橋倶楽部、同気倶楽部、交詢社などを視察した。その結果、大正５年６月14日に桐生懇和会を解消し「桐生倶楽部」が誕生した。設立と共に、倶楽部会館を建設することになり、桐生出身で講談社を経営していた野間清治の推薦で、建築家の清水巌に設計を依頼し、大正８年12月にモダンな洋風建築の会館が建設された。また、会食ができるように付属西洋料理店を設立することになり、松島富三を中心に株式会社「桐葉軒」が構内に誕生した。松島富三は桐生の代表的な旅館「金木屋」の経営者であった。金木屋こそは、幹子夫妻が桐生にやって来て投宿した旅館で、金木屋の女将の勧めで幹子が裁縫を教えることになった。

　桐生懇和会の中心であった森宗作と書上文左衛門は、桐生裁縫女学校が財団法人となり桐生高等家政女学校に昇格すると、評議員に就任した。理事会・評議会は桐生倶楽部で開かれた。また、桐生裁縫女学校、桐生高等家政女学校の敷地は森宗作所有の土地を借り、購入したものであった。

　昭和31年９月の桐生倶楽部の理事改選では、長澤義雄が理事長に就任した。

　これも母と子の二代にわたる女子教育をとおしての地域貢献の賜物であった。

大正10年の桐生市本町通り。左奥が四十銀行。

# 第4章　桐生裁縫専門女学館から
## 　　　桐生裁縫女学校へ

## 1．桐生に番裁縫学校あり

### 樋下田源治のみた幹子と学校史

　『長澤幹子追悼録』に樋下田源治の「噫偉大
なりし私学の権威　長澤幹子を追想して」と
題する文章が収載されている。樋下田は自
らの肩書を「印刷小僧」と名乗っているが、
幹子との親交は明治40年ごろに始まったと
いう。おそらく印刷業者として学校に出入り
し、公私にわたり親交を深めたと思われる。
研究科に在籍していた森下米子は幹子が亡
くなった翌日、登校すると、樋下田が校門
前で「いや偉い人でした。ほんとうに惜しい
事をしました」と会話しているのを耳にした
という[14]。樋下田の文章は昭和7年（1932）

明治末期の生徒

2月20日に書かれた。幹子の死の直後に、身近にいた者が、幹子と学校
の歩みを書いた唯一のものである。樋下田の文章から、次のことが分かる。
　学校の本格的な出発は桐生町四丁目に開いた桐生裁縫専門女学館を私立
桐生裁縫学校と改称し、町立裁縫補習学校を併置したときからであった。
織物業の盛んな桐生であったが、女子の裁縫教育が等閑視されていたこと
から開校に至ったという。幹子が校長になり、公証人の夫・大亮が監事と
して事務を担当した。たちまち評判となり、町内や隣接町村だけでなく、
太田・伊勢崎方面からも入学者があった。校舎は狭くなり、一丁目へ移転。
さらに五丁目に新設備を備えた校舎を新築するに至った。

ところが、「円満なりし家庭に、やがて校運の安危に関する一大事」が起こった。幹子と大亮との対立は学校経営をめぐって泥沼化し「化膿せる問題は遂に表面化し、夫妻法廷に相争ふ」闘争になった。そこで、幹子は「弱き者よ、汝の名は女なり」とされたのを「女は強し、女なるが故に強し」との信念に燃え、2子を連れ離別するに至った。

　裁判を勝ち取った幹子は、幸町で再開校した。再出発の学校の評判も良く、校舎も手狭になったので、2階建ての校舎を小曾根町に新築した。前庭には花園を整備し、春になると花々が咲き乱れる美観を呈した。

　樋下田の文章から、幹子が創設した桐生裁縫女学校は、夫・大亮と共に経営した前期と次男・義雄と経営した後期に二分することができる。

## 桐生裁縫専門女学館から桐生裁縫女学校へ

　碓井三男（前橋市）も、幹子への追悼文で、幹子が裁縫学校を始めた理由を次のように述べた[15]。

> 　…先生ハ明治三十五年七月始メテ桐生市ニ移住セラレ、夙ニ同市ハ工業ヲ以テ生産地トシテ名高シ、全市皆機業家ト云フベキ旺盛ヲ極ムル所タリ。随テ婦人ノ専業ト云フベク、少女婦人ノ生命トスル裁縫ノ技ニ欠クル所アリシヲ免カレ難ク、依之是非共ニ遅々トシテ発達奮ハザルノ不幸アルヲ覚リ、大ニ之ヲ救フノ道ヲ開カサルベカラズトシテ、裁縫学校ノ創立ヲ為シ、爾来幾多ノ曲折ヲ経テ、設備完全スルノ域ニ達セシムルニ至レリ。実ニ其ノ効績顕著ト云フベシ。

　明治34（1901）年12月1日、桐生町大字94番地（本町四丁目94番地）の稲垣邸の2階に「桐生裁縫専門女学館」が開かれた。稲垣邸は2階建てで1階が公証役場であった。『桐丘学園創立七十年小史』によると、幹子の長女で群馬県高等女学校を卒業し、桐生南小学校で教員をしていた美雄子も、母・幹子の代わりに教えたこともあったという。

看板

　美雄子について説明を加えると、当時の群馬県には、明治32年５月に開校した群馬県高等女学校（県立高崎女子高校）が高等女学校として存在するだけであった。生徒は全県から集まった。修業年限は４年。女子師範学校がなかったので補習科を設け、小学校の教員養成機関とした。入学資格は本科の卒業生または16歳以上で本科の卒業生と同等以上の学力を有する者で、修学年限は１年であった(16)。こうしたことから、明治34年に一家転住して群馬県にやって来た美雄子が群馬県高等女学校を卒業し、教えたのは桐生裁縫女学校になってからであろう。

　表１は明治時代から大正時代にかけて桐生地方に創設した私立学校をまとめたものである(17)。裁縫家事を教える私立学校は幹子が創設した学校が最初であった。桐生裁縫専門女学館は明治37年12月７日には群馬県知事の認可を得て「桐生裁縫女学校」と改称した。同39年６月26日には桐生町立裁縫補習学校を併設し、樋下田源治が言うように学校の基礎が整った。

**表１　桐生市域私立学校**

| 校　　名 | 所 在 地 | 学　科 | 開校年 | 設立者・校長 | |
|---|---|---|---|---|---|
| 共立盈科義塾 | 安楽土村 | 漢学 | 明治14 | 岩崎民三郎 | 明治17年廃校 |
| 桐生私立英語学校 | 安楽土村 | 英語 | 明治19 | 仲田　信亮 | 不明 |
| 桐生漢学私塾 | 安楽土村 | 漢学 | 明治20 | 木村四郎平 | 不明 |
| 桐生新町学校 | 桐 生 町 | 普通学 | 明治24 | 加納　喜舗 | 明治40年廃校 |
| 私立川内学校 | 川 内 村 | 漢学 | 明治27 | 松島喜一郎 | 不明 |
| 私立桐生裁縫女学校 | 桐 生 町 | 裁縫家事 | 明治37 | 番　　なか | 桐生第一高校 |
| 私立桐生育英学校 | 桐 生 町 | 英漢学 | 明治39 | 広田孝五郎 | 大正５年頃廃校 |
| 私立桐生裁縫補習学校 | 桐 生 町 | 裁縫家事 | 明治39 | 番　　なか | 桐生第一高校 |
| 私立樹徳女学校 | 桐 生 町 | 裁縫家事 | 大正３ | 野口　周善 | 樹徳高校 |
| 私立織姫裁縫女学校 | 新 宿 村 | 裁縫手芸 | 大正５ | 倉林　フサ | 廃校 |
| 私立産婆看護婦学校 | 桐 生 町 | 産婆看護 | 大正９年 | 小内　養蔵 | |

『桐生市教育史』272頁より

実業補習学校とは、勤労青少年を対象に小学校教育の補習と職業教育を授けることを目的に明治26年に「実業補習学校規程」が制定され設立された学校である。桐生町では群馬県で最初に同27年、山田第一高等小学校に付設の実業補習学校を設立したが、うまく運営できなかった。同36年には桐生町立裁縫補習学校と同町立桐生商業学校を設立した[18]。

　『桐生市教育史』上巻によると、桐生町立裁縫補習学校は明治36年４月に桐生女子部高等小学校に付設し開校したもので、桐生幼稚園階上を教室に充てていた。同39年に廃止されたので、幹子が町から引き継いだ。しかし、同校から引き継ぐはずの物品の約束は破断となり、町民から寄付を募った。明治44年８月に発行された桐生町役場編纂の『桐生郷土誌』に、「明治三十九年九月一日桐生町立裁縫補習学校の廃せらるるに当り町の補助を受け私立裁縫補習学校を校内に新設せり」とある。

　明治40年12月23日付で県へ提出した「桐生裁縫女学校ならび桐生裁縫補習学校」の校則改正願によれば、裁縫女学校は本科・補習科・速成科・別科があり、裁縫補習学校には本科・温習科があった。授業料は**表２**の通りであった。補習学校の修身、国語、珠算などの授業は、町立学校の教師が担当した。当時から珠算に力を入れ、生け花は「池坊」であった。

　授業の特色は、『桐丘学園創立七十年小史』によれば、仕立て物の注文を受け、それを縫うことで腕を磨かせる実践形式にあった。そのため成績簿があって、製作品の出来栄えにより採点がなされた。仕立て物の入金は学

**表２　裁縫女学校・補習学校学科と授業料**

| 学　校 | 学　科 | 授業料 | |
| --- | --- | --- | --- |
| | | 改訂前 | 改訂後 |
| 桐生裁縫女学校 | 本　科 | 75銭 | 1円 |
| | 補習科 | 75銭 | 1円 |
| | 速成科 | 80銭 | 1円 |
| | 別　科 | 1円20銭 | 1円50銭 |
| 桐生裁縫補習学校 | 本　科 | 75銭 | 1円 |
| | 温習科 | 75銭 | 1円 |

*袴につけたバックル*

校と縫った生徒で折半された。生徒の中には卒業までに20円の貯金をする者もいた。卒業生には呉服屋から依頼が殺到した。

　当時は女学生の最先端のスタイルとして袴にはバックルが付けられた。桐生裁縫女学校・同裁縫補習学校では、桐（桐生）に番家の定紋をあしらったデザインのバックルであった。「桐生町に番裁縫女学校あり」と言われるようになった。

　明治40年5月に桐生裁縫女学校と同補習学校裁縫科の教員となった古木ツヤは、県行政文書（群馬県立文書館蔵）によると、明治21年2月に桐生新町で雑貨商を営む古木三平の次女として生まれた。同31年3月町立北尋常小学校、同35年に組合立山田第一高等小学校を卒業し、同38年12月に桐生裁縫女学校補習科を卒業した。卒業生が裁縫科の教員となって学校を支えるようになったことが分かる。古木の給与は、裁縫女学校は月俸6円、同補習学校は「当分無給」であった。

　学校の基礎は固まったものの独立校舎は持てずに、一丁目、高砂町、幸町（宮本町）と借家が続いた。一丁目時代は森宗作から借り受けた。1階が畳百畳あり裁縫女学校と公証役場、2階が裁縫補習学校、教員室、寄宿であった。在校生は250人を超え、寄宿生も60人を超えた。ここに第一の繁栄時代を迎えた。明治41年4月に群馬県で2番目の高等女学校として「山田郡立桐生高等女学校」も誕生したが[19]、「裁縫ができるから」と桐生裁縫女学校や桐生裁縫補習学校に通ったという。

　その結果、大正3年には高砂町（桐生町一丁目175番地）に新築校舎を造ることができた。しかし、大正9年（1920）に火災により焼失してしまった。そのため、資料も一切無

桐生裁縫女学校卒業式　明治30年3月　後列左より4人目が幹子

くなってしまったという。

　桐生裁縫補習学校については、町立を引き継いでから大正９年まで、桐生町から補助金を交付された[20]。同年で廃止されたのは、大正10年から桐生に市制が敷かれ、桐生市になったからであると思われる。

## 桐生に誕生した３つの裁縫女学校

　表１のように大正時代には桐生に３つの裁縫女学校が存在した。樹徳裁縫女学校は大正３年（1914）４月に浄運寺住職であった野口周善ら仏教界（桐生積善会）が女子教育のため、裁縫伝習所を設置し、裁縫教育の傍ら精神修養に努めたのが始まりであった。同年９月に県知事の認可を得て樹徳裁縫女学校と改称した。野口は桐生積善会の代表として、働く人のために大正６年に明照託児所（樹徳幼稚園）、同９年盲学校、昭和７年に境内に共生図書館を開くなど社会事業家であった[21]。

　『桐生市教育史』（上巻）は、当時の桐生裁縫女学校と樹徳裁縫女学校の違いを次のように紹介している。

　　　裁縫伝習所の当時の模様を知る故人は、『番さん学校（桐生裁縫女学校）は良家の娘さんが行き、伝習所はどちらかと云えば学校に行けない子どもが子守りをしながら和裁を習った。当時は数人の生徒しかいなかったと思う』と語ったという（810頁）。

　私立織姫裁縫女学校は、短期間で廃校になった。

## 校長の交代劇

　桐生裁縫女学校兼裁縫補習学校では、大正時代末期に校長が、幹子から久保たみ、山梨子雌と短期間に代わった。校長の交代は県の行政文書（群馬県立文書館蔵）に久保たみの退職願、山梨子雌の認可願が残っているので、それをもとに『桐生市教育史』上巻（899－900頁）でも触れているが、その

理由は明らかにされていない。『長澤幹子追悼録』に清水義貴、樋下田源治が、その文章で触れている幹子と大亮の法廷闘争にまで発展した対立を物語るものと思われる[22]。

校長の交代劇が異例であったことは、県行政文書から推測できる。桐生裁縫女学校兼桐生裁縫補習学校の校長であった「久保たみ」は、大正12年（1923）10月25日、県へ「家事上の都合」から退職を願い出て、翌13年4月25日に認可された。翌26日には「私立学校解職の件を開申」し、4月30日付で「山梨子雌」が私立学校長認可願を県に提出、10月20日になって認可されている。

昭和2年に刊行された『群馬県史』第4巻に掲載されている「私立学校調査表」の備考欄に、桐生裁縫女学校について「大正十二年十月設立者変更」と記されているが、この記述は、設立者が「山梨子雌」になったことを示していると思われる[23]。しかし、設立者で校長であった幹子から久保たみに、いつ、どのような事情で交代したのかは分からない。

山梨子雌の私立学校長認可願には履歴書が添付されているが、それによると、山梨は次のような人物であった。

明治21年（1888）11月16日、静岡県田方郡錦田村（三島市）に山梨並次郎の次女として生まれた。同村尋常小学校、組合立三島高等小学校を卒業し、函南村女子裁縫講習会特別科（函南町）に学び、大正元年（1912）に桐生裁縫女学校本科に入学した。同3年に卒業し同5年7月まで助手を務め、8月に東京女子美術学校講習で袋物小切細工を修業し、9月から郷里の錦田村で私塾を開いた。大正13年9月に私塾を閉鎖し、10月20日に桐生裁縫女学校と桐生裁縫補習学校の校長になった。

これまで、山梨子雌と幹子との関係が分からなかったが、「旧称澤瀉屋長澤家系図」を見て、山梨子雌の父・並次郎は幹子の3番目の兄で、山梨家へ婿に入り、昭和8年に亡くなっていて、山梨子雌は幹子の姪であることが判明した。樋下田源治の文章によると、法廷闘争で幹子は勝利した。そうした経緯から姪の山梨子雌が校長に迎えられたのかもしれない。

山梨子雌の履歴で注目すべき点は、叔母・幹子の経営した桐生裁縫女学校で学び、叔母を助け助手をしていたことであった。幹子は結婚のいきさつから長澤家とは交流を持たなかったようであるが、他の親戚とは交流を持ち、山梨子雌のように幹子の学校に学び裁縫の技術を習得する者もいた。あとで触れるが、幹子と大妻コタカを結び付けることになる熊田みゆきも、幹子の親戚で、桐生裁縫女学校を明治42年に卒業している。

　それでは、山梨子雌はいつまで校長を続けたのであろうか。県行政文書をみると、昭和3年4月に近藤宇兎野を教員に採用する県への許可願は「山梨子雌」で行われ、同5年8月に大塚ラク、番義雄を採用する許可願は「長澤なか」で行われている。山梨は5年間くらい校長を務めたようである。

## ２．生徒の慈母・慈祖母

### 再出発した桐生裁縫女学校

　幸町に校舎が移った時代の学校の様子を卒業生の半田たけ子は、次のように語っている[24]。

　　…幸町のあの学校、それは私達の心をはぐゝんでくれた学校だつた。座る苦痛に私達は足を投げがちだつた。未知なスクールへの憧れと、不安におのゝいた。でもすぐなれてしゃべる私達だつた。『足がしびれるあッ』。大声で云ふ人の声に、どつと笑ひくづれた。『あらッ先生よ』。今までしやべつてた私達新入生は急にあはてゝすわりなほした。（きつとしかられるわ）と心におのゝきながら。『皆さん！』。ひやりとしてしまつた。一年生のやうにかたくなつて先生のお顔を見上げた。『足がいたいでせう。でもすぐになれます。どうしても一週間位いは足をくづすでせう。足をくづしてもいゝですけど、なれたらお行儀よくするんですね。わかりましたか』と笑ひながら二階へ行つてしまつた。しかられると思つたのに優しくおつしやつた言葉に、学校を出て、むとせ立つ今、私の心にはつ

きりと刻まれてゐる。…(略)…おなほしをもらつた時(いやだなあ)と思ひながら持つてゆくと『なほすはーときのはぢ、なほさぬは末代のはぢ、わかりましたか』。こつくりとうなづいた私をうれしさうに見てなほして下さつた先生。『聞くは一時の恥、聞かぬは末代のはぢ、ね、わかりますね』とよくおしやつたつけ、きびしい先生だけに、より以上になつかし先生。…

　桐生裁縫女学校は、「桐生裁縫女学校学則」(昭和4年4月18日認可改正)によると、次のようであった。女子に須要なる裁縫技術および普通教育を授けることを目的に、学科は本科一部・本科二部、別科、速成科、研究科。定員は185人であった。各学科の入学資格、修業年限、授業料、入学金は**表3**の通りであった。

表3　入学資格・修業年限・授業料・入学金

| 学科 | 入学資格 | 修業年限 | 授業料 | 入学金 |
|---|---|---|---|---|
| 本科一部 | 14歳以上で尋常小学校卒業者 | 3 | 2円50銭 | |
| 本科二部 | 高等小学校第二学年卒業者、第一学年修了者 | 2 | 2円50銭 | |
| 別　　科 | 18歳以上、相当の裁縫の素要ある者 | 1 | 3円 | 1円 |
| 速 成 科 | 14歳以上 | 1 | 3円 | |
| 研 究 科 | 本校卒業後、実地研究する者 | 定めず | 2円50銭 | |
| 夜 学 科 | 14歳以上 | 1 | 1円50銭 | |

　各学科の課程・授業数などは**表4**の通りであった(38頁)。県行政文書によると、昭和5年8月22日に長澤義雄を国語、数学の教員とする許可願が提出されている[25]。

## 寄宿舎

　桐生裁縫女学校は設立時から寄宿舎を充実させていた。そのため、遠方からの生徒がいた。はじめ寮生活は一人白米1俵を持参、副食費3円で、日曜日にはおやつ代5銭が支給された。寄宿生は外出日も制限され、火曜日・木曜日の放課後から午後5時まで、日曜日・大祭日は朝飯後から午後5

表4　学科課程・授業実数

| 学科 | 教科 | 毎週時数 | 第一学年 | 第二学年 | 第三学年 |
|---|---|---|---|---|---|
| 本科一部 | 修身 | 1 | 人倫道徳の要旨、作法 | 同左 | 同左 |
| | 国語 | 2 | 講読、作文、習字 | 同左 | 同左 |
| | 家事 | 2 | 衣食住の大要 | 衣食住、生理衛生 | 衣食住、育児看護 |
| | 数学 | 2 | 整数、珠算 | 整数、小数、分数、珠算 | 整数、比例代数、珠算 |
| | 裁縫 | 19 | 和服裁縫の全般、ミシン裁縫 | 同左 | 同左 |
| | 計 | 26 | | | |
| 本科二部 | 修身 | 1 | 人倫道徳の要旨、作法 | 同左 | |
| | 国語 | 2 | 講読、作文、習字 | 同左 | |
| | 家事 | 2 | 衣食住、生理衛生 | 衣食住、育児看護 | |
| | 数学 | 2 | 整数、小数、分数、珠算 | 整数、比例代数、珠算 | |
| | 裁縫 | 19 | 和服裁縫の全般、ミシン裁縫 | 同左 | |
| | 計 | 26 | | | |
| 別科、速成科、研究科 | 修身 | 1 | 人倫道徳の要旨、作法 | | |
| | 裁縫 | 35 | 和服裁縫の全般、ミシン裁縫 | | |
| | 計 | 36 | | | |
| 夜学科 | 修身 | 1 | 人倫道徳の要旨、作法 | | |
| | 裁縫 | 23 | 和服裁縫の全般、ミシン裁縫 | | |
| | 計 | 24 | | | |

※夜学科は昭和7年4月から

時までであった（「寄宿舎規則」）。

　寄宿生の中には、尾島町（太田市）から父は尾島町長などを歴任した中島粂吉で、長兄がのちに飛行機王と称された中島知久平の妹・キヌ、栃木県佐野から佐野裁縫女学校（佐野清澄高等学校）の創設者・佐山サダ（明治40年卒業）らがいた。薮塚本町の町長で旅館室田館を経営していた室田忠作の娘キミも寄宿生で、母親が野菜をいっぱい持ってやって来た(26)。

　中島知久平の妹・キヌは、体が丈夫でなく、寮生活では肩もみなどを寮生が行ったが、卒業後間もなくして亡くなった。桐生女子裁縫学校は髙橋賢が数学教諭として着任して以来、珠算教育に力を入れ、桐生裁縫女学校

―桐生高等家政女学校は珠算教育の名門校になった[27]。昭和13年（1938）から「珠算講習会」が行われ、中島知久平が出資した力行会から講師が派遣されたのも、妹が卒業生であったことと関係があったと思われる。

## 幹子の裁縫観

『桐丘学園創立百周年記念誌』では、「花は美しいものです。枯れたそのみにくさをさらしてはなりません」。これが幹子の生涯の美学で、みにくい所は人前では決して見せない明治の女性としての見識を持っていた。髪を乱さず、袴をきちんとはいた姿は花そのものであった、と幹子の美学を紹介している。

　それでは、幹子の裁縫観はどのようなものであったのであろうか。幹子は、教え子で桐生裁縫女学校へ勤めた黒澤眞佐子に次のように語ったという[28]。

　　　…『黒澤さん、私は桐生へ来て以来一寸の所でも、変だなと思つた御
　　　縫物をそのまゝ納めた事は有りませんでした。お裁縫はお仕事では有り
　　　ません。技術です』…

　黒澤は、これを教授訓、処世訓として「日夜思ひ出す毎に息づまる思ひ」であったという。幹子は裁縫に自信を持っており、その手腕の評判も高く、桐生市内から仕立ての注文が殺到した。そこで、黒塗り定紋付きの箱車をつくって、名入りの袢纏を着せた車夫に引かせて注文品の集配を行わせ、「人さまのものを仕上げなければ、手はあがりません」と、不合格のものは目の前でほどかされた[29]。

　本科二部二学年の荒木ケイは、母の着物を製作し、幹子の点検を受けた。

　　　…先生「裏をよくはぎましたね。今はこれが流行ですよ」とおつしや
　　　つて、先生は御自分の着ていた着物を私達に見せた。なるほどおくみの
　　　裏が表の残りきれで細くはいである。先生は又おつしやつた。「ほんと

うにこれが今流行ですよ」とお
つしやつて私達と一緒にお笑ひ
になつた。…

幹子は、流行にも敏感であった。
幹子は展覧会（バザー）があると、
生徒が下校し、寄宿の生徒が寝静
まってから、袋物・小物・着物など

バザー風景　右側は幹子校長

を仕上げ、それを手本として生徒に製作させた[30]。年１回開催されるバザー
は桐生の名物になった。

## 官立桐生高等工業学校との連携

官立桐生高等工業学校（群馬大学工学部の前身）は、西田博太郎校長はじ
め教授陣が、桐生裁縫女学校が財団法人になったときに、評議員に就任し、
学園を支えた。同校はすでに紹介したように織都・桐生を象徴する学校で
あった。同校と桐生裁縫女学校の関係はどのようにして始まったのであろ
うか。

桐生高等工業学校色染科教授・天野清一は、幹子への追悼文で次のよう
に述べている[31]。

　　…余の奉職先なる、桐生高等工業学校の記念祭及展覧会の際には、特
　　に御厚志を以つて色染、化学科製色の販売に当り、仕上げ其の他の御配
　　慮を 忝（かたじけの）ふし、其の御芳情の御後援に依り、当科製品に一段の色彩を増
　　したるは、今更深く当時を想起し、誠に感謝に堪へざる所なり。…

桐生裁縫女学校の生徒が、桐生高等工業学校の学生の制作発表に裁縫で
協力した。これは幹子が「裁縫は技術」とする信念を具現化したものであっ
た。高等教育機関と裁縫学校の連携協力であった。

## 教師としての幹子の姿

　幹子には「ませ」という口癖があった。生徒が「この縫物のココはいかが致しましょう」と聞くと、「アナタこうなさいませ」と指導した。こうした言葉遣いは、当時の桐生としては珍しかった。樋下田源治は「『ませ』に何となく親しみ深き、懐かしみ深きを覚ゆる音声と、抑揚とを以て親切に手を執り教授」する姿をいつも拝見したという[(32)]。本科二部一学年の持丸千代も「『こうなさいませ』。もう聞く事の出来ない懐かしの声」と回想している[(33)]。

　森本栄吉は、次のように回顧した[(34)]。

> 　昼をお邪魔して、小母さんが生徒に教へて居られる時も拝見したが、いつも一人々々に丁寧に噛んで含める様に何度も親切に教へて居られた。生徒に何か注意なさつて居られる時でも、遂ひぞ声を高くして叱つて居られる様な事も拝見しなかつた。いつもおだやかな慈愛のこもつた言葉で、『何々さん、そんな事は…』と云ふ様に懇切に注意なさつて居られた。

　家塾というべき家庭的な雰囲気で、幹子は生徒たちの慈母であり慈祖母であった。卒業生の黒澤眞佐子によれば、鼻を患い医者に手術を勧められ、うろたえ相談したところ、次のようにアドバイスされた[(35)]。

> 　…『黒澤さん一寸お考へなさい。手術と言へば訳は無い様なものゝ、体に疵を付けて徹底的に癒ればよいが、どんな医者でも間違ひの無いとも限りません。最う一人、二人の方に診察して頂いて、愈々病の決定して後初めて技術の勝れた医師に治療して頂きなさい』…

　卒業生の岩崎としによれば、「人間は仕事でも、お裁縫でも、誠意をもつてなさらなけらばだめです」と諭したという[(36)]。

　卒業生の積知は、在学中に裁縫のことで呼び出され叱られた。「先生は何故私ばかりをおしかりなさいましたのか、明日より登校いたすまいと涙乍

に帰宅」した。しかし、一日休めば
それだけ気まずい思いをすること
になると、勇気を出して登校した。
すると、幹子校長は再び呼び出し
「私の云ふた事が理らない貴女では
ないはず。どうか誤解して下さるな」
と告げた。積知は「それ程までにお
心にかけて下すつたのに」と、昨日に変る感謝の涙を流した[37]。

小曽根町校舎　新年の様子

　こうした心遣いから、幹子は生徒に「誠に誠に慈母で御座います」と言
われた。研究科の小林ハルは「教子を吾子のごとくに愛し給ふ　よるとし
なみをものともせずに」「祖母のごと母のごとくに師の君は　いたわりくれ
しとどかぬわれを」と感謝した[38]。

　生徒の保護者を代表し小林長作は、葬儀で「哀悼の辞」を次のように述
べた。

　　　　長澤先生は高き人格と優秀なる技芸とを以て至誠一貫よく子女の裁縫
　　　教育に尽瘁せられ博く裁縫教育に貢献する所少なからず余も亦其徳を慕
　　　ひ子女の教育を委託せしに不幸此度忽然として長逝せられたり哀悼何ぞ
　　　耐へん爰に蕪辞を述べ英霊を祀る

　小林の言葉にあるように、保護者は教育者としての幹子を尊敬し、子ど
もたちを桐生裁縫女学校へ通わせたのであった。
　桐生の人々も、幹子を尊敬していた。本科一部一学年の藤江ハルは、葬
儀が終わり家に帰って祖母に「おばあさん、とうとう校長先生がなくなつ
てしまつた」と言うと、祖母は「さうかい。もつたいないことをしたね。き
ちんとして、りつぱな校長先生だつたがね」と言った[39]。

# 第5章 大妻コタカに後事を託して

## 1. 神秘のお手まわし

### 恩人・大妻コタカ

　幹子が後事を託した大妻コタカについて触れておこう。桐丘学園では、大妻コタカを「そだての親」としてきた[40]。幹子にとっては恩人に当たる。

　大妻コタカは明治17年（1884）、広島県に熊田小十郎の第6子として生まれた。母校・川尻尋常小学校の代用教員になったが上京し、何種類もの免許状を取得。同40年（1907）に神奈川県鎌倉尋常高等小学校訓導になった。しかし、同年に大妻良馬と結婚し退職。翌年、裁縫・手芸の私塾を開いた。同43年に「東京女子技芸教授所」、大正3年（1914）に「大妻技芸伝習所」と改称。同5年に各種学校「私立大妻技芸伝習所」の設立認可を東京府知事より受け、翌6年に「私立大妻技芸学校」とし、校長となり、校訓・校歌などを制定した。そして、次のように矢継ぎ早に学校組織を拡充した。

　大正8年に「私立大妻実科高等女学校」を併設、同10年には「私立大妻高等女学校」に昇格させた。翌11年には大妻技芸学校を実業学校に改組し、日本で初めて女子勤労学生のための「大妻中等夜学校」を開いた。この3校が大妻学

▲ 長澤幹子 校長
▶ 大妻コタカ 顧問

院の大きな源流となり、昭和4年に「財団法人大妻学院」となった。

　コタカは、翌5年の教育勅語40年式典に私立高等女学校長代表として奉答文を読み、同12年に開かれた世界教育会議で「日本女子中等学校及び専門学校における手工芸教育について」を発表するなど、昭和期の日本を代表する女性教育者となり、同17年には大妻女子専門学校を設立した。

　敗戦後の昭和22年に戦時体制下に婦人団体の要職を歴任していたことから、コタカは公職追放になったが、大妻学院は学制改革により、専門学校は家政系の大妻女子大学に、高等女学校は中学校、高等学校になって再出発を果たした。

　コタカは同27年公職追放解除になると、理事長として復帰、同36年に学長・校長に就任した。教育功労者として同29年藍綬褒章、同39年に勲三等宝冠章を受章。同45年1月3日、85歳で永眠した。

## 大妻学園との仲介者・熊田みゆき

　大妻コタカと幹子はどのようにして出会ったのであろうか。この二人を取り持ったのが、幹子の親戚の熊田（内田）みゆきであった[41]。

　熊田みゆきは、静岡県から桐生の幹子のもとへやって来て、明治42年に桐生裁縫女学校を卒業した。その後、音信は途絶えたが、みゆきが大正15年（1926）3月1日、大妻コタカの兄・熊田小兵衛と再婚し、大妻学院の経営に参画したことから、60歳を過ぎても孤軍奮闘し学校経営を続けていた幹子を案じて、アドバイスをしようと思うようになった。

　　顧みれば十九年の昔、慈母の如き御薫陶を賜はりました桐生の伯母様、一日として忘れては居りませんでしたが、お互いの境遇の為に心ならずも、殆ど交りは絶えて居りました。その後月流れ星移り、数年前から東京大妻技芸学校長大妻コタカ氏と、姉妹の縁を結ぶやうになりましてからは、同じ道の学校を御経営なさる伯母の御上が一入慕はしくなつた私は、何時かは大妻技芸学校の話を申上げて御参考にも供し、幾分でも御

手助の一端ともればと、ひたすら時機の来るのを待つて居りました折柄、今年初夏の頃、思ひもかけなく祐也様から御手紙が参りましたので、私の念願は通りました。

　祐也（義雄）の手紙とは7月7日に弟の直之が病死したことを知らせるものであった。そこで、みゆきは8月の休暇を利用して直之の四十九日に桐生へやって来た。15年ぶりの再会であった。それから、みゆきが東京と桐生を往復し、幹子の相談に乗り、学校の将来について話し合い、みゆきは義妹に当たるコタカに指導助言を受けた。そして、11月22、23日に幹子が上京し、コタカと会うことになった。

　　それ以来、伯母様と東京との往復が繁くなつて、十一月廿二、三日の休日つゞきに御上京になり、大妻校長宅をお訪ねになつた時、いつも伯母様が口癖のやうに仰有つた「祐也の嫁を貰ひ、学校を任せて、早く隠居したい」との念願を懇々と御依頼になり、且つ学校の事もいろいろお話になつてお帰りになりましたが、それが私達への最後の御言葉にならうとは、神ならぬ身の知る由もありませんでした。

　幹子がコタカと直接会つたのは、このときの1回限りであった。それがコタカの次の回想文となる[42]。

　　それは昨年の十一月廿三日でございました。長澤みき様にはいろいろと将来のことどもを御相談になりたいお気持ちから、わざわざお訪ね下さいました。老いゆく御自分を忘れて、ひたに二人の御子息の御成長を楽しみにしてゐられましたみき様には、この夏五男直之様に先立たれ、急に淋しさが増したのでございませう。今はたゞ一人生き残られた二男の祐也様に、早くお嫁を貰つて学校も立派にして譲り、安心して隠居なさりたい切なる願を、私は、丁度その一ヶ月以前、私の学校の展覧会に

初めてお会ひした、あの気立の優しさうな祐也様のことを思ひ浮かべな
がら聞きました。みき様とは少し事情が違ひますが、矢張り今はたゞ女
一人で学校経営の重責を負ふ私には、みき様の切なる願は、人ごとなら
ず私の心を打ちました。そして私の力で出来ることならば、何とかして
上げたい気持ちで一杯でございました。

コタカは昭和35年（1960）10月28日に、桐丘学園創立60周年式典後に、
桐生市産業文化会館で「ごもくめし」の題で講演を行つた。その中で学園と
の関わりを次のように披露した[43]。

> この学校と私との関係は昔一人の老婦人（桐丘学園の校長）が学校に見
> え、令息のためこの学校の卒業生をぜひお嫁さんにほしいと申込まれた
> ので、毎年大妻で開かれる展覧会に当の息子さんにきてもらいました。
> その時選ばれたのが現在ここの学園長夫人です。

この文章を読むと、見ず知らずの老婦人が突然、息子の結婚相談にやっ
て来たので、展覧会で気に入った人を探してもらうよう取り計らったこと
になってしまう。当の息子である学園の後継者の長澤義雄は、『大妻コタカ
追悼録』[44]に「スピード婚」という追憶文を載せている。

> …昭和六年十二月六日に私は母を失って、同月九日に葬儀をすませる
> とすぐ先生をお訪ねして母が遺してくれた学校の運営についてご相談した。
> その時先生は「先ず妻をめとることです」。そう言われて、次にお伺いし
> た十二月の二十八日には、羽織・袴を全部先生が新調下さって、さっさと
> 式を挙げさせられてしまった。全くアッと言う間の出来ごとと言ってよかっ
> た。その間二十日もたっていないし、正式に見合いとか話合いとか、そん
> なものは何一つしなかったのである。無茶と言えば無茶な話だが、その時
> の妻として迎えたのが今の私の家内（成瀬八重・昭和六年卒）である。…

大妻コタカと長澤義雄の文章は、聴衆や読者を意識したもので、事実関係にも相違があることが分かる。どちらが本当か、額面通り読むのではなく、史料批判が必要である。

大妻学院の昭和7年3月6日発行の同窓会誌『ふる里』(第6巻2号)には写真入りで長澤義雄と成瀬八重子が結婚したことが報告されている。写真のキャプションには次の文章が書かれている。

長澤義雄・八重子の結婚式

　　昭六、一二、二八、成瀬八重子様(大十五、高女昭六、裁高)には桐生裁縫女学校主長澤祐也氏と芽出度御結婚なさいました。未来の同校々長さんです。長澤さんは大妻校長先生の義姉熊田みゆき様の御親戚に当たります。このお写真には皆様のおなじみ揃ひです。前列左から大妻校長先生、熊田みゆきさん、新婦八重子さん、新郎祐也氏、熊田小兵衛氏(校長のお兄様)、後列中央が成瀬先生と奥様、一番右が漫画の清水対岳坊氏です。

　成瀬八重子は大妻高等女学校を大正15年に卒業し、裁縫高等科在学中に結婚、卒業は翌年の3月であった。父は大妻高等女学校で地理歴史を教える成瀬利一。二人の結婚は偶然でなく、大妻コタカと熊田みゆきが用意周到に準備したものと思われる。ひとりの卒業生の結婚であったならば、同窓会誌で報告もしなかったであろう。同窓会誌が写真の説明で「このお写真には皆様のおなじみ揃ひです」と紹介しているところを見ると、大妻コタカは当然であるが、熊田小兵衛・みゆき夫妻、成瀬利一夫妻は学校の経営・教師陣として、同窓生はよく知っていた。いわば大妻ファミリーであった。熊田みゆきを介して長澤家と大妻家は親戚関係にあり、特別なもので

あった。写真を見て分かるように、長澤義雄は羽織・袴でなく、モーニング姿である。

　こうしたことを踏まえて、大妻コタカと幹子の関係をまとめることにしたい。

　幹子は60歳を過ぎて昭和3年（1928）に離婚した。年齢からも学校の後継者を次男・義雄に定め、その発展を模索していた。一方、疎遠になっていた親戚のみゆきは、大妻コタカの兄・熊田小兵衛と再婚して、大妻技芸女学校の経営に参画するようになり、幹子へのアドバイスを考えるようになった。そうしたときに、幹子の四男・直之が病死し、義雄から手紙が届いた。それをきっかけに幹子とみゆきの再会が実現し、義雄の結婚を含め、熊田みゆき夫妻と大妻コタカとの間で意見交換され、幹子とコタカの会見が実現した。

　ところが、思いもかけぬことが起こった。幹子の急逝であった。義雄の結婚や大妻コタカの学校経営への参画はすでに決まっていたので、迅速に学園問題は処理されていった。

　大妻コタカは、先に紹介した追悼文の続きで、次のように触れている。

　　それから一週間も経たない十一月廿七日に、みき様は卒倒なされ、引き続き十二月六日には御永眠遊ばされた報に接しました。頼まれた縁談の方は勿論未だ実現の運びにはなつてゐませんが、さてはこの私共人間には知られない急変を、かねて知ろしめす神様には、みき様の遺志を私によつて実現せしむべく、まだ一面識もないみき様を、その死の僅か前に態々桐生から動かして私を訪問せしめたのであつたかと、今更、神秘のお手まわしに驚嘆いたしますと共に、私の責任の重大さでございますことを痛感いたしました。…（略）…お嫁さんのこと及び学校の将来につきましては、いづれ熊田氏から感想を述べること〉存じますから、略しまして私はた〉、精一杯お世話申上げたことを、みき様が地下で必ず御嘉納下され、そして新郎新婦の上に、学校の上に、必ず御冥護をお垂れ下さいますことを、深く信ずるのでございます。…（略）…

コタカは幹子に後事を託されたことを、「知ろしめす神様には、みき様の遺志を私によつて実現せしむべく」「神秘のお手まわし」と、その責任を使命と自覚したのであった。「お嫁さんのこと及び学校の将来につきましては、いづれ熊田氏から感想を述べることゝ存じますから、略しまして」というように、熊田みゆきが幹子とコタカの間に立つて、実際に動いていた。

## 幹子の最期

昭和6年(1931)9月21日に、四男・直之が病死すると、幹子は落胆し「私はもう直之の後をついて行きたい、行きたい」と口癖のように、孫の石井壽實子(長女・美雄子の子)に語った[45]。しかし、11月22・23日、幹子は上京するほど元気であった。ところが、一週間後の28日午後9時に発病した。孫の石井美枝子(同)が看病に当たり「病床日誌」をつけていた[46]。日誌によると幹子の最期は次のようであった。

容体が急に悪くなったので、山田、新井両医師の来信を求めた。診断結果は脳貧血であった。看護婦1人をつけ看護に当たった。29日には夜になると胸痛が続いた。一睡もできず苦しそうであったので、孫の美枝子が胸部に「カラシ」を貼った。祐也を枕元に呼び笑いながら「私が逝きたるあとは…」と、詳細に後事を述べた。30日に胸痛が背痛となった。山田医師が往診し神経痛と診断。熱もなく、指圧療法に来た真井先生の夫人と雑談をした。12月1日は笑い声が聞こえるほど回復し、2・3日で全快するのではという期待を持たせるほどであった。2・3日も容体に変化なく気分爽快となったので、看護婦に帰ってもらうため、夜にお茶とお菓子で別れを惜しんだ。4・5日も病状に変化がなかった。5日に見舞った桐生裁縫女学校教師の黒澤眞佐子と菱沼登久子に、「此の分で行けば、来週からは出られるでしょう」と笑顔で応ずるほどであった[47]。

6日、健康を取り戻したように夕食を済ませ、しばらく安眠し、真井先生夫人の指圧療法を受け、よもやま話をするほどであった。そして、孫の美枝子の腕にすがりながら便所へ入った。少しすると「美枝子！美枝子‼」

と呼ぶ声があり駆け付けると、痙攣をしたまま顔面蒼白で美枝子の胸に倒れた。午後８時５分過ぎであった。幹子は寝室に運ばれ、やって来た新井医師からカンフル注射がなされた。午後８時25分、「いよいよ迫りました」の医師の声で、大妻女学校に電話、東京・静岡方面の親戚に電報が打たれた。午後８時30分、家族らに手を握られながら、数日来の苦痛を忘れたかのような笑顔で、往生を遂げた。

## 2.3人の女性の共感

### 幹子の遺言

　幹子は発病し死期を悟ると、次男・義雄に詳細にわたり遺言を述べた。それは同席した孫の石井美枝子によって、「病床日誌」に次のようにまとめられて記されている。

　　　一、墓地　　　　　　　　市内芳町養泉寺に新たに求めること
　　　一、校舎建築のこと　　　二三年の中に校舎を東側に建てること
　　　一、叔父様結婚のこと　　東京の親戚に依頼すること
　　　一、長澤家相続のこと　　番家より転籍のこと
　　　一、学校経営のこと　　　東京大妻様に一任すべし

　幹子は学校の所在地を小曽根町にすることにこだわったようだ。同町には桐生幼稚園、桐生西尋常小学校、桐生市立図書館、県立桐生中学校があり、まさに「桐生ノ文源地」という桐生の文教地であった。さらに桐生市役所、桐生織物同業組合、商工織物検査所などもあり、桐生駅にも近かった。評議員の斎藤武助・書上文左衛門が連帯保証人になり、長沢義雄が評議員の森宗作から土地を借りて新校地とし、校舎を新築した[(48)]。

　「長澤家相続、番家より転籍」とは、義雄に命じていることであった。義雄は昭和６年12月の葬儀のときは「番祐也」を名乗り、翌年１月10日に富

田きよ・小澤花枝を教員に採用する許可願では「番義雄」、同月28日に提出した学則変更許可願では「長澤義雄」を使っている。この間に転籍が行われたと思われる。

桐生高等家政女学校　新校地

## 学校葬

　幹子の死はすぐに桐生市内に伝わった。翌日、登校した速成科の松本奈保子は汽車を下り桐生駅から学校へ向かうと、餅屋の前で町の人に呼び止められ、「昨夜、校長先生が亡くなられましたよ」と告げられた。知らせを受けた卒業生が駆け付け、校舎の2階の大広間は立錐の余地なき状態になった(49)。

　「上毛新聞」は次のように報じた。

　　桐生裁縫女学校長、長澤幹子女史は六日午後八時半突如心臓麻痺を起し医師の応急手当も効なく逝去した。享年六十五歳。永年女子の教育に盡せる功績大なるものあり。告別式は九日午後一時より三時迄同校校庭に於て執行、引続き荼毘に附し市内養泉寺に埋蔵する筈。

桐生市長で桐生市教育会長の関口義慶二（ぎけいじ）は、次の弔詞を捧げた(50)。

　　女子弟教育功労者長澤なか子女史ノ長逝ヲ悼ミ茲ニ恭シク弔意ヲ表ス
　　昭和六年十二月九日　桐生市教育会長　関口義慶二

教職員を代表し、真井晃が次の弔辞を捧げた(51)。

　　桐生裁縫女学校長長澤幹子先生病の故を以て忽焉（こつえん）として永眠せらる嗚（あ）

51

呼悲い哉先生は慶応三年十一月二十四日静岡県駿東郡原町に呱呱の声を揚ぐ同家は世に名高き白隠禅師の後裔なり十九才の時旧対州藩士番大亮氏に嫁し明治三十五年九月我が桐生町に移居せられ翌明治三十六年三月桐生裁縫女学館を設け同明治三十七年十二月県知事の認可を得て桐生裁縫女学校と称し町立桐生裁縫補習学校を付設す大正十年桐生市高砂町に新校舎を建築したりしが故ありて長澤の姓に復らる昭和三年二月同市小曾根町に更に現校舎を建築し校則を変更して単に桐生裁縫女学校と改称し今日に到る。本校創設以来卒業生を輩出する事前後通じて既に約三千有余名其の間幾多の辛酸を嘗め刻苦経営一意斯道の興隆と後進の誘掖とに貢献せられたる功績の顕著なる事自ら定評あり之を以て遠近高風を敬慕し挙り来りて教を請ふもの多く校運隆々として進展着実の美風を醸しつゝありしに天何ぞ夫れ無情なる先生に與ふるに寿を以てせず本月六日午後八時三十六分遂に白玉楼中の客となる痛恨何ぞ堪えん

　願ふに先生は客月二十三日偶東京なる大妻技芸学校に赴き万一の事あらんかと同校長先生に面話し本校将来の向上発展に関しつらつら懇談を交へられ後事を託したるものゝ如く帰校後僅数日にして病魔の冒す所となり療養看護もをさをさ怠りなく稍々小康を得られしと思ひしに遂に長逝せらる真に悼惜の情堪えざる所なり然りと雖も既に後任者として最も

学校葬

信頼するに足るべき適当の候補者を大妻技芸高等女学校より選定し赴任せらるゝの幸運に向ひ居れり我等又何をか言はん只誓つて先生の遺図を継承し一致団結益々奮励して育英の一事に邁進せんのみ万感胸に溢れて言ふ所を知らず茲に謹みて蕪辞を述べて弔意を表す英霊尚くは饗けよ

　真井の弔辞には、幹子が桐生にやって来た年や裁縫学校創設の年など誤りがあるが、幹子の死の直後には、大妻技芸高等女学校から後任校長が選ばれてやってくる案もあったことが分かる。

　また、口演童話家・松美佐雄から弔電「ゴセイキョヲカナシム　マツミスケオ」も寄せられた。松美は、本名は戸塚峻で明治12年（1879）に倉渕村三之倉に生まれた。父が小学校教員で山田郡川内村・新田郡笠懸村などに勤めたため転々とした。上京し江見水蔭の門に入り、時事新報社の『少年少女』の編集者を経て、童話の創作で活躍。口演童話家として全国行脚した(52)。

　本科一部三学年の窪塚喜美枝は、幹子の教育者としての生涯を見事に詠んだ詩に託し、その死を悼んだ(53)。


　　神のみ前にぬかづきて／仏の前に手を合し／病の平癒祈りたる／我等
　がまこと入れられず／夕空つめたき冬の夜に／幾多の人に惜しまれつ／
　遂にみ霊は暗国の／黄泉の客と消へ給ふ／あゝ惜しまれつ眠れるみ霊―
　　真暗き夜に燈の／消へたる如く師亡き後の／我等が胸はやみなりき／
　朝な夕なに其の徳を／慕ひし恩師に逝かれたる／我等が嘆き永久に／恨
　と共に消へざらん／あゝ永遠に盡きせぬ恨―
　　学舎無き地にはや立てゝ／研究重ねし其の教／あまねき人に説き広む
　／其の身は如何に死するとも／其の功績は人々に／御名と共に敬はれ／
　後の世長く朽ちざらん／あゝ永久に輝くほまれ―
　　三十余年の長き年月を／女子裁縫の事業にと／其の身を捧げて懸命に
　／我等が指導に当らるゝ／身も心をも休みなく／研究重ぬる其の様の／
　今なほ我等が胸に有り／あゝ美はしき生涯ぞ―
　　学の庭のあけくれに／優しきみさとし尊き教へ／我等が胸にしみこみ
　て／深き師恩に泣くるなり／今其の恩師逝くるとも／亡き師の尊きみ教
　を／我等は永久に守るべし／あゝ尊ふとしき此の教―

「慶雲院貞幹妙徳大姉」（俗名　長澤幹子）、行年65歳であった。昭和7年（1932）5月には、長澤幹子追悼録発刊委員会（代表長澤祐也）により、『長澤幹子追悼録』（桐生裁縫女学校学友会）が発行された。

## 卒業生の活躍

　桐生高等工業学校色染科教授・天野清一が「多数地方に散在せる卒業生は夫々（それぞれ）その道に精進し、何づれもその手腕行動は女史の薫化をして恥しめず、名声校運と共に益々隆昌発展の域に進めり」と述べているように、卒業生の活躍がまた学校の評判となった[54]。

　大正11年に佐野裁縫女学校を創設した佐山サダ（旧姓・栗原）も卒業生であった。佐山サダは明治26年（1893）に栃木県安蘇郡植野村（佐野市）に生まれた。明治40年に桐生裁縫女学校を卒業[55]。その後、渡辺裁縫女学校（東京家政大学）を卒業し、公立学校教員を経て、佐野裁縫女学校を創設した。昭和6年には校長職を夫・佐山左右治に譲り自らは一教員になった。同校は同13年に財団法人栃木佐野高等家政女学校に昇格、同23年に戦後の学制改革で佐野弥生高等学校と新制高校になり、同26年学校法人佐野弥生学園の認可、平成元年学校法人佐野学園に変更、同2年に弥生女学院高等学校と改称。同12年に男女共学となり、佐野清澄高等学校となった。

　幹子の葬儀の弔電に「オハハウエノシヲイタム　アシカガゴトウサイホウジョガッコウ」があったことが、『長澤幹子追悼録』で確認できる。「足利後藤裁縫女学校」と漢字表記できるであろう。足利市立図書館に問い合わせたが、同校を確認することはできなかった。

　このように卒業生の中には幹子のように、裁縫学校を設立する者もいた。すでに述べたように幹子の姪の山梨子雌も桐生裁縫女学校を卒業し、郷里の静岡県で裁縫学校を設立した。

## 熊田みゆきの見た幹子とコタカ

　長澤幹子や桐生裁縫女学校と関わりが始まった頃の大妻コタカは、順境の時代ではなかった。大正12年（1923）の関東大震災で前年に完成したばかりの校舎を焼失し、全財産を投入し再建を果たしたが、昭和4年（1929）に最愛の夫・良馬を亡くした。失意のうちにありながらも、大妻学院発展のため鉄筋コンクリート校舎建設に向け邁進しているさなかであった。

　一方、幹子も大正9年（1920）に校舎が全焼し、翌年に新校舎を建設したものの、同12年に火災により校舎が焼失した。大正10年に三男・修三が病死し、同12年には長女の石井美雄子が関東大震災により湯河原で圧死。昭和3年には夫・大亮と離婚した。そうした逆境にありながらも、同年に次男・義雄を学校経営に参画させ、学校の発展を期していた。

　公私にわたる逆境の中を力強く生きようとする東京と桐生の二人の女性教育者を、熊田みゆきは義妹と伯母として見ていたのであった。長澤幹子、大妻コタカ、熊田みゆき、その立場は違っても、3人の女性の共感から桐丘学園と大妻学院の姉妹校としての歩みが始まった。

　コタカの動きは早かった。先に紹介した幹子への追悼文にこう書かれている。

　　　…十二月十四日、御悔みかたがた学校の御様子等も拝見したいと存じまして、桐生の駅に下車いたしました私は先づ天神様及氏神様に参詣いたしました。それは忌中の長澤家をおたづねする前に、先づ当地の神々様に長澤家及裁縫女学校の将来をお願ひして置きたかつたからでございました。学校は生徒二百名にも足らぬ小さなものではございましたが、純朴な生徒さん達や、将来を覚悟して緊張してゐらるゝ先生方にお会ひしまして、末頼もしいやうな温か味がひしひしと迫つて参りました。…

　昭和7年2月16日、コタカは桐生裁縫女学校の理事に就任し、幹子の遺志を継ぎ、学校改革を進めた。

# 第6章　桐生高等家政女学校へ

## 1. 大妻コタカの後見

### 大妻コタカの存在

　校長の幹子を亡くし生徒たちは、学校の将来が不安であった。本科一部一学年の小島ミチ子は幹子の死を聞いた途端、「誰がこのあとをついで、校長先生のかわりになつてくれる人はと、私は胸がいつぱいになつて涙がぽろぽろとこぼれしました」[56]。

　大妻コタカの存在は、生徒に安心感を与えた。研究科に在学していた小林ハルは次のように述べている[57]。

　　　…大妻校長先生のはげ（ま）しのみことばを忘れた自分ではなかつた
　　　筈ではないか…故校長先生と大妻校長先生の笑顔がかはるがはる頭をか
　　　すめる。大妻校長先生のみことばを想い出し救はれた様な気持ちになつ
　　　た…。

　本科二部一学年の車崎千枝子は「今後も大妻先生始め諸先生の教えを守り、りつぱに桜咲く四月には卒業して行きたい」と誓った[58]。

　大妻コタカが、幹子への追悼文の最後で、次のように述べているとおり、桐生裁縫学校の校長の代替わりに当たり、桐生市の有力者がこれまでのように協力する態勢をつくりあげることが重要であった。コタカはその点を十分心得ていた。

　　　…その上に今一つお願ひ申上げたいことは、職員及在校生、卒業の
　　　方々には申すまでもなく、当地の有力な方々や、長澤家と御懇意の方々
　　　が、このお若いお二人を援けて、故人の意思を継ぎ得るやう御後援下さ

いますことを、くれぐれもお願ひしてこの稿を了することにいたします。

## 大妻技芸学校から教員を

　大妻コタカ・熊田みゆきは、大妻技芸学校から富田きよ、小澤花枝の二人の教員を桐生裁縫女学校に派遣した。県行政文書として残る二人の採用認可願をみると、二人とも昭和6年12月24日に履歴書を書いている。12月6日に幹子が亡くなり、9日に葬儀を終えて、2週間後のことであった。群馬県に認可願が提出されたのは翌7年1月20日であるが、富田はその時点ですでに桐生裁縫女学校寄宿舎に転居していた。

　こうしたことから、大妻技芸学校から教員を送り込むことは幹子の生前には決まっていた可能性もある。富田きよ・小澤花枝ともに幹子と同じ静岡県の出身であった。二人の年齢差は18歳もあり、富田は昭和5年に大妻技芸学校に勤め、小澤は大妻技芸学校の卒業生で昭和6年3月に卒業し4月に勤めたばかりであった。熟練と若手の教師が派遣された。

　昭和7年8月に両毛新聞社から『市制十年─功労者名鑑─』が発行された。同書で桐生裁縫女学校は次のように紹介されている。

　桐生裁縫女学校は明治三十五年（ままま）十二月の認可で、創立以来三十年の星霜を閲した地方稀に見る古い歴史を有する私立女学校である。番校長は数千の教へ子に惜まれつゝ昭和六年十二月長逝した。現校長は長澤祐也氏

**表5　大妻学院から派遣された教員一覧**

| 1 | 富田きよ | 教　員 | 大妻技芸学校 | |
|---|---|---|---|---|
| 2 | 小澤花枝 | 卒業生 | 裁縫部高等科 | 昭和5年7月 |
| | | | 裁縫部研究科 | 昭和6年3月 |
| 3 | 橋爪ミチ | 卒業生 | 裁縫部研究科 | 昭和4年3月 |
| | | | 高等技芸科 | 昭和7年3月 |
| 4 | 山本孝子 | 卒業生 | 高等技芸科 | 昭和8年3月 |
| 5 | 菅原一江 | 卒業生 | 本科 | 昭和7年3月 |
| | | | 裁縫部高等科 | 昭和8年3月 |
| 6 | 大嶺節子 | 卒業生 | 裁縫部高等科 | 昭和8年3月 |
| 7 | 石岡幹子 | 卒業生 | 本科 | 昭和7年3月 |
| | | | 裁縫部高等科 | 昭和8年3月 |
| 8 | 横山キマ | 卒業生 | 裁縫部高等科 | 昭和6年3月 |

大妻コタカ・大妻良馬研究所より教示

で、東都で有名なる大妻技芸学校から教師二名同校に来たのは、昭和七年の春である。大妻技芸学校長と同校は浅からぬ学びの園の縁故がある。現在生徒百四十名、職員八名、小曾根町に聳え立つ私立学校は其の卒業生数万人、神聖なる学びの殿堂である。

　富田・小澤が派遣されたあとも、**表５**（57頁）のように大妻学院から教員が派遣され、桐生高等家政女学校への昇格およびその体制が構築された。

## ２代校長・長澤義雄

　大妻コタカを後見人として２代校長となった長澤義雄について簡単に紹介しよう。義雄は明治34年２月10日、東京市佐久間町１−１に生まれた[59]。同年７月に父・大亮が公証人として桐生町に招かれたので、一家して桐生に移った。桐生西尋常小学校、桐生尋常高等小学校から栃木県立佐野中学校へ進み、大正９年（1920）９月に早稲田大学高等師範部国語科に入学したが、翌年３月には「家事都合により退学」し

長澤義雄

た。おそらく、前述した幹子と大亮の対立によるものであろう。

　同12年４月から翌年３月まで伊勢崎尋常高等小学校で代用教員を務め、同年４月から東京写真専門学校に入学。同校を昭和３年に卒業してからは、桐生に帰り、桐生裁縫女学校の経営に参画し、母・幹子を支えるようになった。

　幹子が亡くなった翌月の同７年１月11日に県へ「私立学校校長選定許可願」を提出し、２代校長に就任した。

　また、妻となった八重（子）は、昭和７年５月に「桐生裁縫女学校裁縫科

及国語科教員」になるための認可願が県に提出され許可された。従って、大妻技芸学校からは富田きよ、小澤花枝と八重を含め3人が着任し、学校のテコ入れが図られたといえよう。

## 夜学科の新設

　昭和7年1月28日付で夜学科の開設の許可願を提出し、4月から開始した。『桐生市教育史』(226頁)では、「夜学科の開設は、先に樹徳裁縫女学校でもみたが、桐生裁縫女学校の場合も勤労女子や農村女子の就学要求に応えたものと思われる」と記されている。しかし、もう少し深掘りしてみる必要がある。

　桐生裁縫女学校は明治39年(1906)から町立裁縫補習学校を併置していたが、昭和4年(1929)1月31日限りで同校を廃止した。以後、桐生では勤労女子の夜間の裁縫教育を受ける機会(夜学)は失われた。それが、樹徳裁縫女学校や桐生裁縫女学校の夜学科の新設になった。それゆえ、桐生裁縫女学校の夜学科の開設は、同4年に廃校にした裁縫補習学校を同7年に夜学科として再開したと見る方が、適切であろう。

　学則によると、14歳以上の者に入学を許し、修了年限は1年。授業時間は午後5時から9時まで。授業料は2円(のち1円50銭)、授業時間数は裁縫23時間、修身1時間の週24時間であった。

## 学則変更

　昭和7年9月に学則を一部変更した。変更点は次の3点であった。① 別科を高等科と改称、② 速成科を3期に分ける、③ 夜学科を2期に分ける。変更理由は次のようであった。

　① 別科の入学者は高等女学校や実科高等女学校の卒業者で「裁縫上ノ素要トシテモ相当ノ経験者ニヨリ充サレタル学級」であった。こうした充実した内容を表すのに「別科」という名称では不適切と思われるため変更した。

② 速成科の入学者の大部分は農村の女子であった。農繁期もあり、１年を通して登校することが難しく、農閑期の12月、１月、２月、３月、４月の４カ月間だけ在学するのが実態であった。そこで、入学者のために速成科を３期に分け、実情に合わせ就学の機会を確保するとともに、１カ年就学したものに卒業証書を授与するようにした。

③ 夜学科の入学者の状況も速成科と同様であったので、２期に分けた。

学則の改正は生徒の実態に合わせるとともに、学校のイメージアップを図るものであった。

## 『桐生市教育史』の誤り

　『桐生市教育史』は、桐生市教育委員会が一大事業として編纂したもので、昭和63（1988）年に上巻が、平成５年（1993）に下巻が発行になった。上巻では「桐生裁縫専門女学館、桐生裁縫女学校」（495-500頁、897-900頁）、下巻では「桐生高等家政女学校」（224-235頁）が扱われている。下巻では、学則（昭和４年４月18日認可改正）を基に「学科は本科一部、本科二部、別科、速成科、研究科の五科で定員は一八五名」と紹介し、『桐丘学園創立七十年小史』に掲載されている「桐生裁縫女学校・桐生高等家政女学校卒業生数」（表６）を根拠に「しかし、桐生裁縫女学校時代、昭和九年からの桐生高等家政女学校に至ってもこの定員数は充たされることはなかったようである」と記してある。

　『桐生市教育史』（下巻）では、桐生裁縫女学校・桐生高等家政女学校は慢性的な定員割れであったと判断し、昭和９年２月に財団法人及び実業学校令職業学校規程により桐生高等家政女学校に改組し、翌年に移転して新校舎を建設したことを「学則に載る一八五名の定員にも充たない学校経営ながら、このような思い切った施策を打ち出し実行していくところに、第二代校長としての長沢義雄の学校経営と学校教育に対する姿勢が窺える」と評価し、長澤義雄の言葉を引用し、次のように述べた。「かつて『オレの学校は設備由し、教師に人材をそろえている。良家の子女を育成するのだか

ら学校経営は万全を期さなけ
ればならない。一等車は二等
車より料金が高いにきまって
いる。わが校はその一等車だ
から経費はかかる』と長沢は
語っている。小曽根町におけ
る校地の拡張と新校舎建築費
倍額の件は、長沢の学校経
営・学校教育に対する姿勢の
一端を表した事業であるとい
えよう」。

　しかし、このような評価と
叙述は、初歩的な誤った認識
からなされていることが分か
る。『桐生市教育史』が桐生裁
縫女学校・桐生高等家政女学
校が慢性的な定員割れとし
ている根拠は『桐丘学園創立
七十年小史』に掲載された「桐

**表6　卒業生徒数の推移**

| 西暦 | 和暦 | 卒業回数 | 卒業生数 | |
|------|------|---------|---------|---|
| | | 桐生裁縫女学校 | | |
| 1926 | 大正15／昭和1 | 24回 | 51 | |
| 1927 | 昭和 2 | 25回 | 72 | |
| 1928 | 昭和 3 | 26回 | 75 | |
| 1929 | 昭和 4 | 27回 | 79 | |
| 1930 | 昭和 5 | 28回 | 69 | |
| 1931 | 昭和 6 | 29回 | 71 | |
| 1932 | 昭和 7 | 30回 | 69 | |
| 1933 | 昭和 8 | 31回 | 105 | |
| 1934 | 昭和 9 | 32回 | 100 | |
| | 桐生高等家政女学校 | | 本科 | 専攻科 |
| 1935 | 昭和10 | 1回 | 30 | 12 |
| 1936 | 昭和11 | 2回 | 49 | 10 |
| 1937 | 昭和12 | 3回 | 52 | 10 |
| 1938 | 昭和13 | 4回 | 63 | 17 |
| 1939 | 昭和14 | 5回 | 89 | 17 |
| 1940 | 昭和15 | 6回 | 100 | 9 |
| 1941 | 昭和16 | 7回 | 117 | 18 |
| 1942 | 昭和17 | 8回 | 140 | 23 |
| 1943 | 昭和18 | 9回 | 241 | 38 |
| 1944 | 昭和19 | 10回 | 253 | 31 |
| 1945 | 昭和20 | 11回 | 280 | 37 |

『桐丘学園創立七十年小史』より

生裁縫女学校・桐生高等家政女学校卒業生数」なのである。各学科は本科一
部3年、本科二部2年、別科1年、速成科1年と修業年限が異なっていた
ので、185人の定員が一斉に卒業するわけではない。『桐生市教育史』には
桐生裁縫女学校の昭和9年度の収支決算書も掲載されている。考査料及入
学料で297円、授業料で5,040円の収入があった。入学料は一人各学科1
円であったので、185人×1円を上回る額である。

　そもそも、慢性的な定員割れ状態が続いていたならば、長く学校を経営
することは困難であるし、県当局も学則の変更や財団法人への移行、高等
家政女学校への昇格なども許可しなかったであろう。

# 2. 三角衿セーラー服

## 財団法人

　発展の第2弾は、財団法人と実業学校令職業学校規定により「桐生高等家政女学校」への昇格であった。昭和9年（1934）2月28日に実現し、同11年からは群馬県及び桐生市から補助金が交付されるようになった。群馬県の私立学校では最初の財団法人組織であった（**表7**）。

　「財団法人桐生高等家政女学校寄附行為」（抄出）は次のように記された。

**表7　財団法人役員（昭和13年）**

| 理事長 | 長澤　義雄 | 学校長 |
|---|---|---|
| 理　事 | 大妻コタカ | 大妻学校長 |
| | 長澤八重子 | 教諭 |
| 評　議　員 | 飯野　知次 | 桐生高工教授 |
| | 西田博太郎 | 桐生高工校長 |
| | 書上文左衛門 | 前県会議員 |
| | 梶井健十郎 | 桐生市会議員 |
| | 河内　隆司 | 県会議員 |
| | 新井豊太郎 | 織物同業組合長、桐生市会副議長 |
| | 山田勝太郎 | |
| | 山田　仁 | 校医 |
| | 高橋　賢 | 教諭 |
| | 田島覚太郎 | 桐生市議会議長 |
| | 成瀬　利一 | |
| | 前原準一郎 | 桐生機械会社長 |
| | 前原　一治 | 日本絹撚会社 |
| | 宇古　則一 | 教諭 |
| | 藤江守四郎 | 医学士 |
| | 藍原和十郎 | 県会議員 |
| | 坂田　秀雄 | 群馬県社会事業主事 |
| | 青木　峯蔵 | 桐生市会議員 |
| | 浅野　周寛 | 桐生市会議員 |
| | 斎藤　武助 | |
| | 森　　宗作 | |
| | 森口　唯八 | 県会議員 |
| | 森　　正雄 | 桐生組合病院理事長 |
| | 茂木　米吉 | 共立機業社長 |
| | 関口三四郎 | 計理士 |
| | 関口　志行 | 弁護士 |
| | 伊澤　弘一 | 桐生高工教授 |

昭和13年卒業アルバムより

　第一章　　　目的及事業
　第一條　長澤義雄、長澤八重及大妻コタカハ其生前ノ処分ニ依ル寄附行為ヲ以テ別紙目録ニ表示シタル財産ヲ寄附シ本法人ヲ設立ス
　第二條　本法人ノ目的ハ報恩犠牲ヲ根拠トスル本邦固有ノ徳操ヲ啓発涵養シ時代ノ進運ニ適応スヘキ学芸ヲ授ケ以テ国家社会ノ為ニ有為ノ青年子女ヲ養成スルニアリ
　第三條　本法人ハ前條ノ目的ヲ達スル為ニ左ノ事業ヲ行フ
　　一、長澤義雄経営ニ依ル

女学校ノ事業ヲ継続シテ設立シタル財団法人桐生高等家政女学

経営

一、前号ノ他本法人ノ目的達成ノ為ニ必要ニシテ且適切ナル事業

第二章　　名称及事務所

四條　本法人ハ財団法人桐生高等家政女学校ト称ス

五條　本法人ノ事務所ハ群馬県桐生市小曾根町一丁目千二百五十番

置ク

（第六～十一條　略）

第十二條　理事、監事ノ任期ハ五ヶ年トス但シ重任ヲ妨ケス

第十三條　評議員ハ本法人ニ功労アルモノ及特別ナル縁故者中ヨリ理

事長之ヲ選任ス

評議員ノ任期ハ三ヶ年トス但シ重任ヲ妨ケス

（第十四～十九條　略）

第六章　　附則

第二十條　本寄附行為実施ニ関シ必要ナル細則ハ理事長ニ於テ別ニ

之ヲ定ム

第二十一條　本財団設立当時ニ於ケル理事長（（まま））左ノ如シ

東京市麹町三番町十二番地

大妻コタカ

群馬県桐生市小曾根町一丁目千二百三十四番地

理事　　長澤八重

東京日日新聞　昭和9年3月16日

群馬県桐生市小曽根町一丁目千二百三十四番地

理事長　長澤義雄

　昭和９年３月14日、高等家政女学校昇格祝賀会が桐生倶楽部会館で開催された。長澤校長が認可を報告し、関口義慶二市長、田島覚太郎市会議長、西澤藤吉県立桐生高等女学校長、周再賜共愛女学校長らから祝辞、理事の大妻コタカから謝辞があり、伊藤梧楼県立桐生中学校長の万歳三唱で閉会となつた(60)。

## 桐生高等家政女学校（桐生家政）

　桐生高等家政女学校は本科と専攻科からなり、定員は250人であった。本科は尋常小学校卒業者を入学資格として修業年限４年、専攻科は高等女学校卒業者を入学資格として修業年限１年であった。同12月に小曽根町１丁目に新校舎を建設し移転した。

　桐生高等家政女学校の生徒の出身地はどのような

**表8　在籍生徒出身都市別調（昭和18年度現在）**

|  | 本科一部 | | | | 本科二部 | | 専攻科 | 計 |
|---|---|---|---|---|---|---|---|---|
|  | 1年 | 2年 | 3年 | 4年 | 1年 | 2年 | | |
| 桐生市 | 71 | 59 | 65 | 52 | 25 | 26 | 13 | 311 |
| 伊勢崎市 | 9 | 12 | 18 | 18 | 12 | 18 | 3 | 90 |
| 前橋市 | 1 | 3 |  | 1 | 10 | 5 | 1 | 21 |
| 高崎市 |  |  |  |  |  | 1 |  | 1 |
| 勢多郡 | 8 | 6 | 4 | 11 | 27 | 27 | 12 | 95 |
| 群馬郡 |  |  |  |  | 1 |  |  | 1 |
| 吾妻郡 | 1 | 2 | 1 | 1 | 2 | 1 |  | 8 |
| 利根郡 |  |  |  |  | 2 | 1 | 2 | 5 |
| 佐波郡 | 5 | 9 | 6 | 7 | 15 | 17 | 4 | 63 |
| 新田郡 | 6 | 12 | 4 | 7 | 14 | 10 | 2 | 55 |
| 山田郡 | 13 | 7 | 12 | 5 | 9 | 4 | 3 | 53 |
| 多野郡 |  |  |  | 1 |  |  |  | 1 |
| 栃木県 | 5 | 7 | 2 | 8 | 1 | 4 | 1 | 28 |
| 埼玉県 |  |  | 1 |  |  | 1 |  | 2 |
| 山梨県 |  |  | 1 |  |  |  |  | 1 |
| 長野県 |  |  |  |  | 1 |  |  | 1 |
| 東京都 |  |  | 1 |  |  |  |  | 1 |
| 茨城県 |  |  | 1 |  |  |  |  | 1 |
| 朝　鮮 | 1 |  | 1 |  |  |  | 1 | 3 |
| 計 | 120 | 117 | 114 | 114 | 118 | 116 | 42 | 741 |

「高等女学校設置認可申請書」より

構成であったのであろうか。
**表8**は昭和18年度現在の在
校生徒出身地を市郡別にま
とめたものでる。昭和18年
度には定員600人のところ
741人が在籍していた。

最も多いのが桐生市から
で全校生徒の42%を占めた。

バスケット部員　昭和11年度

ついで、伊勢崎市・佐波郡
21%、前橋市・勢多郡16%、山田郡・新田郡15%となる。山田郡・新田郡・
邑楽郡の東毛三郡のうち邑楽郡からの生徒がいないのに対して、県内の遠
方の利根郡・吾妻郡や栃木県や朝鮮など県外からも生徒が集まった。

高等家政女学校に昇格し、昭和10年4月に学友会体育部が設置され、
陸上競技・籠球（バスケットボール）・排球（バレーボール）の各部が、同13
年には弓道部が誕生した。県下の女子中等学校体育大会に参加することが
できるようになり、全国大会にも出場し「桐生家政」の名を広めた。

## 大妻の姉妹校

大妻高等女学校の制服は、
昭和4年（1929）に和服か
らセーラー服に改められた。
デザインは大妻コタカが考
案したもので、大妻の糸ま
きの校章を象徴した「三角衿
セーラー服」であった。桐生
高等家政女学校も「三角衿
セーラー服」を採用した[61]。
「三角衿セーラー服」への憧

前列左から4人目より長沢八重子、長沢義雄、大
妻コタカ　昭和10年3月

れも、桐生高等家政女学校の人気となった。

　群馬県でも大正時代末期になると洋服が普及し、女学校の制服にも取り入れられるようになった。県立桐生高等女学校では、大正12、3年（1923、4）ごろから制服に洋服が取り入れられたが、式典は黒い木綿の紋付きの着物を着用した。しかし、昭和8年に制服の改正が行われ、冬服はサージのセーラー服の襟とカフスに白木綿の二本線を入れ、夏服は白地になり襟とカフスに黒木綿の二本線を入れることになった(62)。桐生高等女学校と桐生高等家政女学校の制服は、桐生市のハイカラな風景となった。

　昭和11年12月に発行された瀧秀三著『市制十五年』（桐生売文社）に「桐生高等家政女学校」は次のように紹介されている。

　　桐生高等家政女学校は北関東に於ける最も古き歴史を有する女子中等教育の殿堂と云ふべきだ。今は世に亡き女子教育界の功労者故長澤幹子女史が明治三十五年十二月五日桐生女子裁縫専門女学館の設立が今日の同校の濫觴である。明治三十七年十二月七日附を以て知事の認可を得桐生裁縫女学校と改称。昭和六年十二月六日一代の女傑長澤幹子女史逝去と共に嗣子仝祐也氏が校長として就任。昭和七年二月十六日本邦女子教育界の人傑大妻高等女学校、同技芸学校々長大妻コタカ女史が同校の理事に就任。大妻の姉妹校として経営の衝に当り、仝九年二月八日財団法人並に実業学校仝職業学校規程に依り昇格の許可の件認可され、桐生高等家政女学校と改称。敷地約三千坪、創立以来三十有五年、卒業生二千三百七十一名。

　さきに紹介した『市制十年』から5年経過した学校の有様が記述されている。大妻コタカを理事に迎え、大妻の姉妹校として発展していることが記されている。群馬県で最初に裁縫女学校から高等家政女学校に昇格し、「大妻ブランド」によって学校が発展していることが分かる。群馬県の女子中等教育機関として確固たる地位を占めるに至った。

　教育面での質の向上を示したのが、昭和17年（1942）2月15日、裁縫教科書『和裁』を編纂したことであった。これは裁縫科教員の研究の成果を編纂したもので、1200部が印刷された。桐生高等家政女学校で採用されたばかりでなく、女子中等学校や国民学校にも寄贈された。

## 校舎拡充と校歌制定

　新校舎の建築後も、校舎の増築は続いた。昭和12年（1937）8月に第二校舎が、同15年11月には創立40周年を記念した第三校舎が完成した。『桐生市教育史』が指摘するような慢性的な定員割れ状態であったならば、校舎の増築も行われなかったであろう。

　第二校舎の完成に合わせ、昭和12年12月、実業教育国庫補助法による交付金を得て「ホームスパン科」を新設。同13年には本科第四学年を経済科と家政科の2コースとした。両科とも裁縫・家事に重点を置くものの、就職希望者を対象とした経済科は商業・簿記・タイプライターなどが学べるようにした。タイピストは当時の女性のあこがれの職業であった。同年6月24日には文部省から、小学校専科（裁縫科）の正教員免許無試験検定授与の許可を受けた。同14年10月1日に栄養食炊事場が完成し、全校生徒に「栄養給食」を出すようになった。

　昭和15年は創立40周年であるとともに皇紀二千六百年であった。それらを記念して校歌が制定された。作詞は群馬県出身の東京帝国大学教授で文学博士の中村孝也、作曲は小松耕輔であった。そうした時代背景が反映された歌詞であった。

　　　あづまの山の高き姿／高きは　われらの　不断の望
　　　君の御稜威を　仰ぎて　登らむ／少女の喜び　学びの道

　　　渡良瀬川の　清き流／清きは　我らの　久遠の誇り
　　　御代の恵みを　掬びて　進まむ／果てなき行手も　日日の勤労

むらさき匂ふ　桐の木蔭／遣れる尊き　教訓を守り

国の栄を　祈りて　磨かむ／徳操の真玉は　世々の光

昭和16年（1941）から本科を一部と二部に分け、定員も600人に増員した。戦況が悪化した戦時体制下の昭和20年３月８日には、内務省令第９条看護規則による「看護学校」に、群馬県で私立として唯一の指定を受けた。

## 高等女学校への昇格に向けて

表９は昭和16年から同18年度までの桐生高等家政女学校の入学志願者数・許可者数を示したものである。全体的に好調であった。こうした人気を背景に昭和18年11月、高等女学校への昇格を目指し、文部大臣岡部長景宛てに「許可申請」を提出した。概要は**表10**の通りであった。

高等女学校設置理由書は次のように記された。

一、日清日露両戦役ノ間漸ク女子教育ノ勃興セルニ際シ当時桐生町ヲ中心トスル東毛地方ノ女子教育機関トシテ明治三十五年十二月一日裁縫手

**表９　入学志願者・入学者数**

|  | 本科一部 | | | 本科二部 | | | 専攻科 | | |
|---|---|---|---|---|---|---|---|---|---|
|  | 募集人員 | 志願者数 | 許可者数 | 募集人員 | 志願者数 | 許可者数 | 募集人員 | 志願者数 | 許可者数 |
| 昭和16年度 | 128 | 136 | 128 | 128 | 110 | 106 | 30 | 25 | 25 |
| 昭和17年度 | 128 | 164 | 128 | 128 | 136 | 128 | 40 | 38 | 38 |
| 昭和18年度 | 120 | 187 | 120 | 120 | 133 | 118 | 40 | 42 | 42 |

「高等女学校設置認可申請書」より

**表10　高等女学校概要**

| 開校年月日 | 昭和19年４月１日 | | | |
|---|---|---|---|---|
| 修業年限・入学資格など | 本科１部 | 4年 | 国民学校初等科修了程度 | 400名 |
|  | 本科２部 | 2年 | 国民学校高等科修了程度 | 200名 |
|  | 専攻科 | 1年 | 高等女学校卒業程度 | 50名 |

「高等女学校認可申請書」より

芸ノ教養ヲ主眼トスル桐生裁縫専門女学館ヲ長澤幹子設立シ爾後数次ノ組織内容ノ改正アリ更ニ昭和九年二月二十八日ニハ職業学校規程ニ依リ学則ヲ改正シ家庭ノ実習的技能ヲ主眼トシ校名桐生高等家政女学校トシテ今日ニ及ベリ　創立以来茲ニ四十三年ヲ経過シ女子高等教育機関トシテ設備内容共ニ充実シ来リタルニ今回ノ中等学校学制改革ヲ実施セラルルニ当リ之ヲ廃止シテ新ニ高等女学校トシテ名実共ニ女子高等普通教育機関トシテ其ノ趣旨ヲ達成セントス

二、時勢ノ推移地方文化ノ進展ニ伴ヒ高等普通教育ヲ受ケントスル女子逐年増加スルノ趨勢ニアリ故ニ此際本校ヲ廃シテ新ニ高等女学校ヲ設立シ皇国女子ノ錬成機関トスルコトハ時局下寔ニ切要ナルモノアリ且ツハ父兄ノ要望ニモ添ヒ得ベク最モ時宜ニ適シタルモノト思考ス

三、当市ニ於テハ桐生高等工業学校ヲ始メ官公衙諸会社等多シ従ツテ関係勤務者ノ転来任ニ伴ヒ其ノ子女ノ転退入学多シ然ルニ実業学校ト高等女学校トハ学則上転退入不便ニシテ加フルニ学科課定上相互間ノ連絡不十分ナル点尠カラズ之ハ教育上甚ダ遺憾トスル處ナリ依ツテ今回ノ学制改革ヲ機トシテ本校ヲ廃シテ高等女学校トスルハ地方実状ヨリ見テモ転退入ヲ円滑ナラシムル上ニ於テ最モ適切ナルモノト信ズ

四、現在当市ニ職業学校規定ニヨリ裁縫手芸ヲ主眼トシテ女子教育ヲ実施スル学校ハ本校以外ニ二校アリ然ルニ高等女学校ハ県立一校ニシテ逐年入学志願者ヲ増シ其ノ定員ヲ超加スルコト毎年二百名ニ及ベリ故ニ本校ニテハ地方父兄ノ此要望ト時勢ノ動向ヲ察知シ近時教科目ヲ整備配置シ国民科、理数科、体錬科方面ニ於テ殆ド高等女学校ト異ナル無キ迄ニ至レリ故ニ本校ヲ廃シテ新ニ高等女学校ヲ設立スルハ生徒父兄ノ要望ニ添ヒ地方教育ノ進展ヲ促シ併セテ高等女学校ノ入学難ヲ極メテ緩和スルコトニ於テ切要ナルモノト信ズ

　**表11**（70頁）は昭和戦前期の桐生市の中等教育学校をまとめたものである。桐生市では戦時下に中等教育学校が整備され、現在の新制高校の基盤

が出来上がったことが分かる。とくに女子中等教育では昭和9年に桐生高等家政女学校、同16年に樹徳高等裁縫女学校と桐生市立高等実践女学校が誕生し、実業学校令職業学校規程による女学校が3校になった。こうした状況も、前述の設置理由書に述べられているように、桐生高等家政女学校が高等女学校に昇格しようとした要因であった。

　高等女学校への昇格は、戦時非常措置により許可にならなかったが、敗戦を挟んで、昭和21年4月「桐ヶ丘高等女学校」と改称した。なお、同年に樹徳高等家政女学校も樹徳高等女学校、翌年4月には太田高等家政女学校も常磐高等女学校と改称した。

**表11　桐生市の中等教育学校**

| 校　名 | 備　考 |
|---|---|
| 県立桐生中学校 | |
| 県立桐生高等女学校 | |
| 県立桐生工業学校 | 昭和9年に開校 |
| 桐生高等家政女学校 | 昭和9年に実業学校令職業学校規程により昇格 |
| 樹徳高等裁縫女学校 | 昭和16年に実業学校令職業学校規程により昇格 |
| 桐生市立高等実践女学校 | 昭和16年に実業学校令職業学校規程により開校。同18年から商業科、技芸科に |

『桐生市教育史』下巻より

# 第7章　群馬県教育史の中で

## 1.裁縫学校熱

### 私立学校

　長澤幹子が設立した桐生裁縫女学校は、群馬県の教育史の中で、どのような評価ができるであろうか。

　群馬県の私立学校に対する監督は、明治9年（1876）8月に制定した学務規則で、私学・家塾の設置は県の許可を得て、入学者で満14歳以下の児童は小学科卒業の免許あるものに限ると規定したことに始まり、同13年7月には私立学校規則を定めた。同18年には県への手続きをしていないものに対しては速やかに手続きをするよう諭達を出した[63]。

　昭和2年（1927）に群馬県教育会（会長・知事）が発行した『群馬県史　第四巻』には、県に届けられた「私立学校設廃願」（県庁文書）を調査し、明治10年から大正15年までの「私立学校調査表」が掲載されている。調査が大正15年までなのは、『群馬県史』の発行が昭和2年だからである。昭和に入っても私立学校は設置されたり、廃止されたりしているので、この「私立学校調査表」には昭和戦前期に設立された私立学校は含まれていないが、この表は、『群馬の私学』（9-16頁、群馬県総務部企画文教課、昭和34年）・『群馬県教育史　第二巻』（594-660頁、群馬県教育委員会、昭和48年）・『群馬県史通史編9』（162-166、207-208頁）でも使用され、群馬県の私立学校の基礎データーになっている。

　「私立学校調査表」を教授内容により10に分類し、年代別の設立状況を示したのが**表12**（72頁）である。明治10年（1877）から大正15年（1926）までの約50年間に群馬県では181の私立学校の設立が認められた。

　このうち最も数が多いのは漢学・英語などを教える学校であった。明治10年代から30年代にかけて政府の欧化政策や不平等条約の改正問題など

表12　私立学校設立状況

| 分　類 | 明治10-15 | 16-20 | 21-25 | 26-30 | 31-35 | 36-40 | 41-45 | 大正2-5 | 6-10 | 11-15 | 計 |
|---|---|---|---|---|---|---|---|---|---|---|---|
| 漢・英・仏・和歌・数学など | 23 | 39 | 10 | 5 | 3 | 1 | | | | | 81 |
| 筆記・簿記・法律など | | 4 | 2 | | | | | | 1 | | 7 |
| 医・助産・看護など | 1 | 1 | 3 | | | | | 1 | 2 | | 8 |
| キリスト教 | | | 1 | | | | | | | | |
| 裁縫・家政・手芸など | | | | 3 | 2 | 16 | 4 | 7 | 7 | 10 | 49 |
| 普通学(中等教育)など | 6 | 2 | 3 | 2 | 1 | 3 | 1 | 1 | | | 19 |
| 養蚕・農業 | | | | | 1 | 1 | 1 | 1 | | | 4 |
| 特殊・貧困・職業教育など | | | | | | | | 2 | 3 | 1 | 6 |
| 画学 | 2 | | | | | | | | | | 2 |
| 幼稚・小学教育 | 2 | | 1 | | | 1 | | | | | 4 |
| | 34 | 46 | 20 | 10 | 7 | 22 | 6 | 12 | 13 | 11 | 181 |

「私立学校調査表」(『群馬県史第4巻』昭和2年より作成

から、英語などを教える学校(英学校熱)が設立されるようになった。

　次に多いのは、裁縫学校である。明治20年代から大正時代にかけて継続的につくられ、私立学校の中枢を占めるようになる。裁縫学校として認可を得ないで私宅で裁縫を教える裁縫伝習所というべきものが、各市町村にかなり存在し、「裁縫学校熱」が続いた。

## 裁縫学校

　表13(73-74頁)は大正15年までに設立された県内の裁縫学校をまとめたものである。県の認可を得た最初の裁縫学校は、明治26年に高崎町(市)に開校した太田裁縫学校であった。県の認可を受けていないとはいえ、長澤幹子が明治34年に桐生裁縫専門女学館を開設したときは、県内の裁縫学校の萌芽期であった。

　県の許可を得て誕生した桐生裁縫女学校は、群馬県では13番目の裁縫女学校で、桐生町(市)及び山田郡・新田郡・邑楽郡の東毛三郡では最初であった。

表13　県内の裁縫学校

| 校　名 | 所在地 | 学　科 | 開校年月 | 設立者・校長 | 入学年齢・修業年限など | 大正15年 12月現存 |
|---|---|---|---|---|---|---|
| 太田裁縫学校 | 高崎町 | 裁縫 | 明治26年11月 | 太田　うゑ | 14歳以上、1年 | |
| 大友裁縫女学校 | 前橋市清王寺 | 〃 | 明治27年 2 月 | 大友清次郎 | 14歳以上、2年 | |
| 私立高崎婦女学校 | 高崎町柳川 | 裁縫家政 | 明治27年 3 月 | 鈴木　義一 | 学齢外、1年、80人 | |
| 私立前橋裁縫女学校 | 前橋市清王寺 | 裁縫 | 明治31年 3 月 | 南城　キイ | 14歳以上、4年、50人 | |
| 私立明治裁縫女学校 | 前橋市本町 | 〃 | 明治32年 5 月 | 鈴木　タマ | 学齢以外、2年 | ○ |
| 私立月田裁縫学校 | 勢多郡粕川村 | 〃 | 明治36年 3 月 | 田村森太郎 | 3年 | ○ |
| 上毛裁縫学校 | 群馬郡国府村 | 〃 | 〃 | 今井連四郎 | 2年 | |
| 前橋裁縫専門学校 | 前橋市田中町 | 〃 | 〃 | 栗間　ハナ | 2年 | ○ |
| 私立鈴木裁縫学校 | 前橋市堀川町 | 〃 | 明治36年11月 | 鈴木　浪吉 | 高卒以上、3年 | |
| 高崎裁縫学校 | 高崎市檜物町 | 〃 | 明治37年 3 月 | 細谷　ゆき | 尋卒以上、2年、70人 | |
| 和洋裁縫学校 | 前橋市曲輪町 | 〃 | 明治37年10月 | 木村　とみ | 1年半、50人 | |
| 私立和洋裁縫学校 | 前橋市北曲輪町 | 修裁縫編物 | 〃 | 代田　かつ | 本科1年速成6カ月 | ○ |
| 桐生裁縫女学校 | 桐生町 | 〃 | 明治37年12月 | 番　　なか | 14歳以上、2年 | |
| 私立女子裁縫専修所 | 前橋市南曲輪町 | 裁縫 | 明治38年 8 月 | 森下ひやく | 尋卒以上、2年 | |
| 名和裁縫学校 | 佐波郡名和町 | 〃 | 明治38年11月 | 五代　せん | 3年 | |
| 私立高崎裁縫学校 | 高崎町柳川町 | 〃 | 明治38年12月 | 清水新一郎 | 2年、80人 | |
| 私立佐藤裁縫女学校 | 〃 | 〃 | 明治39年 2 月 | 佐藤　タネ | 12歳以上、2年 | ○ |
| 私立桐生裁縫補習学校 | 桐生町 | 裁縫家事 | 明治39年 7 月 | 番　　なか | 高卒以上、2年 | ○ |
| 私立裁縫学校 | 前橋市神明町 | 裁縫手芸 | 明治40年 2 月 | 八木　いと | 2年 | |
| 私立女子裁縫学校 | 前橋市曲輪町 | 〃 | 明治40年 4 月 | 樋口金四郎 | 本科1年、6カ月 | |
| 私立吉田裁縫女学校 | 高崎市中紺屋町 | 裁縫編物 | 明治41年12月 | 吉田百太郎 | 2年 | ○ |
| 私立藤岡裁縫女学校 | 多野郡藤岡町 | 裁縫 | 明治42年11月 | 代田　キウ | | ○ |
| 実地専門私立前橋裁縫女学校 | 前橋市本町 | 裁縫女礼 | 明治43年 8 月 | 鈴木　金五 | 2年 | |
| 私立実修専門小野沢裁縫学校 | 前橋市神明町 | 裁縫 | 明治44年 7 月 | 小野沢延吉 | 高卒2年、2カ月 | ○ |
| 私立柴田裁縫女学校 | 多野郡藤岡町 | 〃 | 大正 2 年 6 月 | 柴田　はま | 尋卒以上、3年 | ○ |
| 私立樹徳裁縫女学校 | 桐生町 | 裁縫家事 | 大正 3 年 9 月 | 野口　周善 | 尋卒以上、2年 | ○ |
| 私立鬼石裁縫女学校 | 多野郡鬼石町 | 〃 | 大正 3 年10月 | 岩城　マツ | 高卒以上、3年 | ○ |

| 校　　名 | 所在地 | 学　科 | 開校年月 | 設立者・校長 | 入学年齢・修業年限など | 大正15年12月現存 |
|---|---|---|---|---|---|---|
| 私立織姫裁縫女学校 | 桐生町 | 裁縫手芸 | 大正 5年 1月 | 倉林　フサ | 尋卒以上、2年 | |
| 私立伊香保裁縫女学校 | 群馬郡伊香保町 | 裁縫縫物 | 大正 5年 3月 | 笠松　かめ | 尋卒以上、1年 | |
| 私立太田裁縫女学校 | 新田郡太田町 | 裁　　縫 | 大正 5年11月 | 常見　ろく | 14歳以上、2年 | ○ |
| 私立新町家庭裁縫女学校 | 多野郡新町 | 〃 | 〃 | 清水喜三郎 | 尋卒以上、2年 | |
| 私立宮辺裁縫女学校 | 前橋市田中町 | 家事裁縫 | 大正 6年 6月 | 田辺　トク | 尋常以上、2年 | |
| 私立聖和裁縫女学校 | 新田郡鳥之郷村 | 裁　　縫 | 大正 7年 1月 | 木村敬三郎 | 高卒以上、1年 | |
| 私立多比良裁縫学校 | 多野郡入野村 | 〃 | 大正 8年 3月 | 喜多　けさ | 尋卒以上、3年 | ○ |
| 二葉裁縫女学校 | 前橋市一毛町 | 裁縫手芸 | 大正 8年 9月 | 喜多　けさ | 尋卒以上、2年 | ○ |
| 私立福島裁縫女学校 | 北甘楽郡福島町 | 裁　　縫 | 大正 9年 5月 | 山田　しん | 尋卒以上、2年 | ○ |
| 丸茂実業女学校 | 多野郡新町 | 裁 家 作 | 大正11年 5月 | 丸茂　米重 | 6年中等科5年尋卒以上、4年 | ○ |
| 群馬裁縫女学校 | 群馬郡元総社村 | 裁　　縫 | 〃 | 松島　カノ | 尋卒以上、2年 | |
| 私立館林裁縫女学校 | 邑楽郡館林町 | 〃 | 大正12年 3月 | 峯崎　重賢 | 12歳以上、3年 | ○ |
| 私立旭裁縫女学校 | 前橋市田中町 | 裁縫手芸 | 大正12年12月 | 茂木ちやう | 高卒以上、1年半 | ○ |
| 私立尾島裁縫女学校 | 新田郡尾島町 | 〃 | 大正13年 1月 | 石渡邦之亟 | 高卒以上、2年 | ○ |
| 私立渋川裁縫女学校 | 群馬郡渋川町 | 裁　　縫 | 大正13年 3月 | 清水　庄平 | 高卒以上、本科1年 | ○ |
| 岡田裁縫女学校 | 勢多郡南橘村 | 〃 | 大正13年 2月 | 岡田　時助 | 高卒以上、3年 | ○ |
| 文化裁縫女学校 | 佐波郡伊勢崎町 | 和服科・洋服科 | 〃 | 磯辺晋太郎 | 2年 | ○ |
| 私立湯浅裁縫女学校 | 高崎市請地町 | 裁縫手芸 | 〃 | 湯浅　ツネ | 14歳以上、2年 | ○ |
| 私立南裁縫女学校 | 前橋市前代田村 | 和服科・洋服科 | 大正14年 1月 | 吉田　清康 | 14歳以上、2年 | ○ |
| 萩女子裁縫学校 | 前橋市萩町 | 裁縫和服科・洋服科 | 大正14年12月 | 前田　孝英 | 尋卒以上、2年 | |
| 千代田裁縫学校 | 前橋市岩神町 | 裁　　縫 | 大正15年10月 | 武田栄喜知 | 尋卒以上、2年 | ○ |

　表14は県内にできた裁縫学校を年代別、経営者の男女別、地域別に設立状況を表したものである。「裁縫学校熱」は、桐生裁縫女学校が設立された明治30年代後半の日露戦争前後と第1次世界大戦後の大正10年代をピークとしていることが分かる。また、女性設立者が48校中26校を数え（54%）、半数を超えているように、その活躍ぶりが目立つ。前橋市が明治25年、高崎市は明治33年、桐生市が大正10年に市制が施行されたように、前橋、高崎の両市部を中心に市や町など都市部に多く設置されている。

　「裁縫学校熱」の一方で、学校間の競争も激しく廃校と設置が繰り返された。48校の設置をみたものの、大正15年までに現存したのは30校で（62.5%）、女性設立者の学校は26校中の15校（57.7%）であった。

**表14　年代別・男女別・地域別設立状況**

| 年　　代 | 明治25〜30 | 31〜35 | 36〜40 | 41〜45 | 大正2〜5 | 6〜10 | 11〜15 | 計 | 大正15年12月時点で現存 |
|---|---|---|---|---|---|---|---|---|---|
| 設立数 | 3 | 2 | 15 | 4 | 7 | 5 | 12 | 48 | 30 |
| 女性設立者 | 1 | 2 | 10 | 1 | 5 | 4 | 3 | 26 | 15 |
| 前橋市 | 1 | 2 | 7 | 2 | | 2 | 4 | 18 | 12 |
| 高崎町（市） | 2 | | 3 | 1 | | | 1 | 7 | 3 |
| 桐生町（市） | | | 2 | | 2 | | | 4 | 3 |
| 山田郡 | | | | | | | | | |
| 館林・邑楽郡 | | | | | | | 1 | 1 | 1 |
| 太田・新田郡 | | | | | 1 | 1 | 1 | 3 | 2 |
| 勢多郡 | | | 1 | | | | 1 | 2 | 2 |
| 渋川・群馬郡 | | | 1 | | 1 | | 2 | 4 | 1 |
| 伊勢崎・佐波郡 | | | 1 | | | | 1 | 2 | 1 |
| 沼田・利根郡 | | | | | | | | | |
| 吾妻郡 | | | | | | | | | |
| 安中・碓氷郡 | | | | | | | | | |
| 富岡・北甘楽郡 | | | | | | 1 | | 1 | 1 |
| 藤岡・多野郡 | | | | 1 | 3 | 1 | 1 | 6 | 3 |

桐生町でも、桐生裁縫女学校・桐生裁縫補習学校のほか、私立樹徳裁縫女学校（大正３年）、私立織姫裁縫女学校（大正５年）が設立されたが、私立織姫裁縫女学校は５年後に廃校になった。

# ２. 女子私学校の先頭

### 西の佐藤タネ、東の長澤幹子

　県内の裁縫学校の設立状況を見ると、明治37年に幹子が設立した桐生裁縫女学校と同39年に佐藤タネが設立した佐藤裁縫女学校が、その後、女子職業学校に昇格し、戦後の学制改革で新制高等学校となり、現在は大学も擁する総合学園に発展していることが分かる。

　佐藤タネ（夕子）は明治８年（1875）に碓氷郡坂本宿に生まれた（男４人・女３人の末っ子）。幹子より８歳年下になる。タネは、小学校時代は「神童女」と言われた。21歳で結婚したが離婚。小学校の代用教員となった。渡辺裁縫女学校（東京家政大学）速成科を卒業し、文部省の中等教員検定試験（裁縫科）に合格。静岡県磐田郡見附町の裁縫伝習所の講師を経て、同県三島町にあった田方郡立高等女学校に奉職した。同38年に帰郷し、翌39年４月高崎市に私立裁縫女学校（翌年佐藤裁縫女学校と改称）を創設するに至った(64)。

　群馬県は県中央を貫流する利根川を挟んで、西と東に分かれる。明治期の女性教育者として「西の佐藤タネ、東の長澤幹子」というべき存在であろう。

### 女子の中等教育

　群馬県の女子中等教育は、おおまかに**表15**（77〜78頁）のように４期に区分して俯瞰することができる(65)。

　第１期は萌芽期で、当時教育県といわれた群馬県は、全国に先駆け、明治15年に群馬県女学校が開校した。しかし、財政難により県会で存続・廃

**表15　群馬県の女子中等教育学校**

| | 学校名 | 設立年 | 所在地 | 変遷 | 現在 |
|---|---|---|---|---|---|
| 1期 | 群馬県女学校 | 明治15 | 前　橋 | 明治19年に財政難で廃校 | |
| | 私立清揚女学校 | 明治20 | 前　橋 | 明治22年に廃校 | |
| | 正教会修身女学校 | 明治21 | 前　橋 | 明治23年に廃校 | |
| | 前橋英和女学校 | 明治21 | 前　橋 | 明治22年上毛共愛女学校、同38年共愛女学校 | 共愛学園 |
| 2期 | 群馬県高等女学校 | 明治32 | 高　崎 | 明治45年に県立高崎高等女学校 | 県立高崎女子高校 |
| | 山田郡立桐生高等女学校 | 明治41 | 桐　生 | 大正7年に県立桐生高等女学校 | 県立桐生女子高校から県立桐生桐生高等学校と統合 |
| | 前橋市立高等女学校 | 明治43 | 前　橋 | 明治45年に県立前橋高等女学校 | 県立前橋女子高校 |
| | 北甘楽郡立実科高等女学校 | 明治44 | 富　岡 | 大正10年に北甘楽郡立高等女学校に昇格。大正12年県立富岡高等女学校 | 県立富岡女子高校、同富岡高校、県立富岡東高校から県立富岡高校と統合 |
| | 私立富岡女学校 | 明治38 | 富　岡 | 明治40年に廃校 | |
| 3期 | 伊勢崎町立実科高等女学校 | 大正4 | 伊勢崎 | 大正12年伊勢崎町立高等女学校。同13年県立伊勢崎高等女学校 | 県立伊勢崎女子高校から県立伊勢崎清明高校へ |
| | 館林町立実科高等女学校 | 大正6 | 館　林 | 大正12年県立館林高等女学校 | 県立館林女子高校 |
| | 藤岡町立実科女学校 | 大正7 | 藤　岡 | 大正12年県立藤岡高等女学校 | 県立藤岡女子高校から県立藤岡高校と県立藤岡中央高校へ |
| | 吾妻郡立吾妻実科高等女学校 | 大正8 | 原　町 | 大正12年県立吾妻実科高等女学校。同13年に県立吾妻高等女学校 | 県立吾妻高校から県立中之条高校と県立中之条中央高校へ |
| | 渋川町立実科高等女学校 | 大正9 | 渋　川 | 大正12年県立渋川高等女学校 | 県立渋川女子高校 |
| | 沼田町立実科高等女学校 | 大正10 | 沼　田 | 大正12年沼田町立高等女学校。同13年県立沼田高等女学校 | 県立沼田女子高校 |
| | 太田町立太田実科高等女学校 | 大正10 | 太　田 | 大正12年県立太田高等女学校 | 県立太田女子高校 |
| | 碓氷郡立高等女学校 | 大正10 | 安　中 | 大正12年県立安中高等女学校 | 県立安中高校から県立安中実業高校と県立安中総合高校へ |

| | | | | | |
|---|---|---|---|---|---|
| | 町立大間々実科女学校 | 大正10 | 大間々 | 昭和11年大間々高等実科女学校 | 大間々農業高校へ併合し県立大間々高校へ |
| | 村立綿打実科女学校 | 大正13 | 綿打 | 昭和12年綿打高等実科女学校 | 県立佐波農業高校の分校から県立新田高校さらに新田暁高校へ |
| | 市立高崎実践女学校 | 大正13 | 高崎 | 昭和18年高崎市立高等女学校に昇格 | 高崎市立女子高校から高崎経済大学付属高校へ |
| | 市立前橋高等家政女学校 | 昭和3 | 前橋 | 昭和18年前橋市立高等女学校に昇格 | 前橋市立女子高校から前橋市立高校へ |
| | 町立小泉実践女学校 | 昭和7 | 小泉 | 昭和14年廃校し小泉農業学校女子部に | 県立小泉農業高校から県立大泉高校へ |
| | 私立桐生高等家政女学校 | 昭和9 | 桐生 | 桐生裁縫女学校の昇格 | 桐ヶ丘高校から桐生第一高校へ |
| | 町立富岡高等家政女学校 | 昭和10 | 富岡 | 実業補習学校の昇格 | 県立富岡女子高へ合併、県立富岡高校、県立富岡東高校、県立富岡高校へ |
| | 町立玉村実科女学校 | 昭和10 | 玉村 | 実業補習学校の昇格 | 県立佐波農業高校分校から玉村高校へ |
| 4期 | 村立毛里田実科女学校 | 昭和10 | 毛里田 | 昭和12年毛里田高等実科女学校 | 県立小泉農業高校分校に |
| | 町立境町高等女学校 | 昭和12 | 境 | 実業補習学校の昇格。昭和18年境町高等女学校に昇格 | 県立境高校から県立伊勢崎東高校と伊勢崎高校へ |
| | 組合立下仁田高等家政女学校 | 昭和11 | 下仁田 | 昭和21年下仁田高等女学校に昇格 | 県立下仁田高校 |
| | 町立松井田高等実践女学校 | 昭和13 | 松井田 | 昭和21年松井田高等女学校に昇格 | 県立松井田高校 |
| | 私立館林高等家政女学校 | 昭和13 | 館林 | | 廃校 |
| | 町立室田高等実践女学校 | 昭和15 | 室田 | 昭和21年室田高等女学校に昇格 | 県立榛名高校 |
| | 桐生市立高等実践女学校 | 昭和16 | 桐生 | 昭和21年桐生市立高等女学校に昇格 | 桐生市立商業高校 |
| | 私立樹徳高等裁縫女学校 | 昭和16 | 桐生 | 樹徳裁縫女学校の昇格 | 樹徳高校 |
| | 私立平方高等裁縫女学校 | 昭和16 | 前橋 | 平方裁縫女学校の昇格 | 明和高校閉校 |
| | 私立太田高等家政女学校 | 昭和17 | 太田 | 太田裁縫女学校の昇格 | 常磐高校 |
| | 私立佐藤高等技芸女学校 | 昭和18 | 高崎 | 佐藤裁縫女学校の昇格 | 高崎商科大学附属高校 |

『群馬県教育史第二巻明治編下巻』『群馬県教育史第三巻大正編』『群馬県教育史第四巻昭和編』より

止の激論の末、同19年に廃校になった。これを受け県女学校の存続を願う人々が中心となって、私立の女学校が3校誕生したが、前橋英和女学校が上毛共愛女学校、共愛女学校として存続し、県女学校のない時代に唯一の群馬県の女子中等教育機関の役割を担った。

　第2期は本格的な整備が始まった時期であった。女子の中等教育については、明治5年の学制以来なんの規程も出されていなかったが、同24年に中学校令を改正し、高等女学校が尋常中学校の一種として制度上に位置づけられ、同28年に高等女学校規程が制定され、初めて教育内容の基本が明示された。群馬県では明治28・29年と高等女学校費を計上したが、財政難を理由に県会で否決された。

　明治32年2月に中学校令高等女学校規程から分離独立した「高等女学校令」が公布され、道府県はその設置が義務化され、郡市町村、町村学校組合、私立も設置できることになった。

　群馬県ではこれに呼応し、県立、郡立、市立の高等女学校が誕生した。まず県が高崎市に群馬県高等女学校（県立高崎女子高校）を同年5月1日に開校した。幹子の長女・美雄子が通った学校であった。次に山田郡が同41年に桐生町に山田郡立桐生高等女学校（県立桐生女子高校）を設立。さらに、前橋市が同43年に前橋市立高等女学校（県立前橋女子高校）を設立した。同校は同45年には県立移管され県立前橋高等女学校となり、群馬県高等女学校は県立高崎高等女学校と改称した。

　日露戦争後に国民生活が向上し、女学校への進学率が高まると、文部省では家庭婦人として実生活に応対できる教育を授ける実科だけを置く「実科高等女学校」を設置できるようにした。北甘楽郡では明治38年には私立富岡女学校が誕生したが、財政難のため同40年には廃校となった。この廃校を受け北甘楽教育会では、明治42年に開設した北甘楽郡女子実業講習所を昇格させ、同44年に富岡町に北甘楽郡立実科高等女学校（県立富岡東高校）を設置した。この4校を中心に群馬県の女子中等教育は整えられていくことになった。

第3期は、実科高等女学校の設立により、女子中等教育が進展した時期に当たる。大正時代になると、第1次世界大戦後は国民生活の向上と民主主義思想の普及や女性解放運動の高まりの影響もあり、女子に必要な家政を中心に教授する中等教育機関の設置が叫ばれ、町立、郡立の実科高等女学校が県内に誕生した。大正12年に郡制が廃止されることが決定すると、実科高等女学校は高等女学校に昇格させ、県立とすることになった。その結果、大正時代の終わりには県内主要都市に12の高等女学校が設置されるようになった。

　第4期は、女子職業学校が設立され、女子の中等教育を受ける機会が広がった時期に当たる。女子の中等教育は経済的な余裕のある階層が享受する特権的な面を持って出発したが、時代の進展、国民生活の向上とともに、その機会は広がった。女子職業学校の設立が、門戸を拡大させ、戦前の女子中等教育が確立した時期に当たる。

　経済発展に伴い、実業学校令の範疇に入らない各種学校が設立されるようになった。そこで、文部省は中等以上の実業教育制度の改善を進め、大正10年1月に職業学校規程を公布し、農工商業の範囲に包みきれない種々の職業を教授する学校を設立できる道を開いた。同規程によれば、入学資格は12歳以上で尋常小学校卒業程度。修業年限は2カ年以上か4カ年以内。教科目は修身・国語・数学・体操と職業に関する学科および実習とし、職業に関する科目として裁縫・手芸・割烹・写真・簿記・通信術その他特殊の職業とした。これにより実科高等女学校より簡便で、しかも職業科目を主として教授できる女子職業学校が設置できるようになった。

　当時の群馬県では、高等女学校への進学を希望する女子が増加し、それに対応するため、高等女学校を整備拡充してきたが、高等女学校の卒業生は、実業や勤労を嫌い、家庭人としての実務には疎く、都会生活に憧れる者が多いことが問題視された。女子の実業教育を施すべき実科高等女学校が高等女学校へ昇格してしまったため、女子に実業教育を施す機関が求められ、実業補習学校を整備して補おうとしたが、実業補習学校は教育内容

が貧弱であるという批判が起こった。

　例えば、県立桐生高等女学校では卒業生のため大正3年（1914）に裁縫を主とする補習科を設置した。同14年に廃止されたが、女子に必要な裁縫及び家事の知識・技術を重視する教育施設を設置する要望が高まり、昭和6年に同校に家政補習所が設立されている[66]。

　そのようなときに「職業学校規定」が制定されたので、町立大間々実科女学校、村立綿打実科女学校、市立高崎実践女学校が誕生した。これらの3校は職業に関する科目として裁縫を週15〜19時間、理科・家事を週2時間教授した。

　昭和期に入ると、この動きが拡大し、市立・町立・村立の女子職業学校が相次いで誕生した。そうすると、私立裁縫女学校でも、この規程による女子職業学校への昇格をめざす動きが起こった。先陣を切ったのが桐生裁縫女学校の桐生高等家政女学校への昇格であった。

　職業学校規程による女学校を卒業すると、各種専門学校および女子師範学校本科二部への入学資格と、小学校の裁縫専科正教員無試験検定出願資格、それに小学校初等科正教員試験検定を受験する場合は、その試験科目を修身・教育・数学及び音楽だけとする特典が与えられた。

　昭和18年1月に中等学校令が公布され、実業学校は「農業・工業・商業・商船・水産・拓殖及びその他実業教育を施す諸学校」となり、「職業学校規程」による女学校は「その他実業教育を施す諸学校」となった。また、実科高等女学校の名称が廃され高等女学校に統一されたことにより、町立境町実科高等女学校は境町高等女学校に改称した。

　さらに、前橋・高崎の両市の高等女学校では進学志望者が増加し入学難となった上に、官公庁や会社が多く保護者の転勤赴任などに伴う転入生が多かったため、職業学校規程による前橋市立高等家政女学校と高崎市立高等実践女学校を高等女学校に昇格することになり、昭和18年4月から前橋市立高等女学校と高崎市立高等女学校となった。

　すでにみたように私立桐生家政高等女学校が高等女学校への昇格を希望

した理由も、前橋市立高等家政女学校と高崎市立高等実践女学校の高等女学校昇格と同じ理由であったので、この2校の動きに合わせ、私立学校でありながら、昭和18年11月に高等女学校への昇格をめざしたことが分かる。このときも、私立の女子職業学校の先頭に立って高等女学校への昇格に挑戦した。しかし、同18年10月に「教育ニ関スル戦時非常措置方策」が出され、中学校と女学校の入学定員を増加させないようにとの指示が出されたため、戦前には昇格が実現しなかった。

　桐生裁縫女学校は、群馬県の私立の女子中等教育機関の中で、先頭を切って学校の昇格を進めたことが分かるであろう。

　ところで、桐生裁縫女学校（桐生高等家政女学校）にとって、群馬県の私立学校における位置づけを物語る出来事があった。それは、昭和9年（1934）11月に行われた陸軍特別大演習で、大本営となった群馬県庁での昭和天皇に対する拝謁であった。拝謁者は、6月に宮内省が来県し調査を行い、各分野の功労者が選ばれた。私立学校長として選ばれたのは、共立普通学校長・井上浦造（大間々町）、共愛女学校長・周再賜（前橋市）、桐生高等家政女学校長・長澤義雄の3人であった（『昭和九年十一月陸軍特別大演習並地方行幸群馬県記録』74頁、群馬県、昭和11年）。これは、桐生高等家政女学校が、群馬県を代表する私学（群馬の三私学）と認められたことを意味している。

# 第8章　桐丘学園へ

## 1. 新制高校に

### 戦後の学制改革

　昭和22年（1947）3月に「学校教育法」が公布され、4月1日から新制中学校が発足し、義務教育年限が9カ年に延長され、その上に修業年限が3カ年の新制高等学校を設置することになった。群馬県では『新制高等学校実施の手引』を出し、現在ある旧制中等学校を新制高校に転換させることを原則とし、新制高等学校実施準備委員会の答申に基づき、同23年4月に**表16**の55校を新制高校にすることにした[67]。

　この戦後の学制改革により、私立桐ヶ丘高等女学校は新制高校「桐丘高

**表16　新制高等学校への昇格（昭和23年4月）**

| 無条件昇格32校 | | 設備を施すことを条件に昇格16校 | 26年3月末までに設備を条件に昇格7校 |
|---|---|---|---|
| 群馬県立前橋中学校 | 群馬県立太田高等女学校 | 群馬県立前橋高等女学校 | 群馬県立北甘楽農業学校 |
| 群馬県立高崎中学校 | 群馬県立館林高等女学校 | 群馬県立伊勢崎高等女学校 | 組合立下仁田高等女学校 |
| 群馬県立富岡中学校 | 群馬県立沼田高等女学校 | 群馬県立前橋工業学校 | 私立桐ケ丘高等女学校 |
| 群馬県立太田中学校 | 群馬県立境高等女学校 | 群馬県立桐生工業学校 | 私立樹徳高等女学校 |
| 群馬県立藤岡中学校 | 群馬県立高崎工業学校 | 群馬県立伊勢崎工業学校 | 私立佐藤高等技芸女学校 |
| 群馬県立沼田中学校 | 群馬県立高崎商業学校 | 群馬県立中之条農業学校 | 私立常盤高等女学校 |
| 群馬県立渋川中学校 | 群馬県立伊勢崎商業学校 | 群馬県立蚕糸学校 | 私立新島学園 |
| 群馬県立桐生中学校 | 群馬県立前橋商業学校 | 群馬県立松井田高等女学校 | |
| 群馬県立館林中学校 | 群馬県立勢多農林学校 | 群馬県立室田高等女学校 | |
| 群馬県立高崎高等女学校 | 群馬県立小泉農業学校 | 群馬県立大間々農業学校 | |
| 群馬県立桐生高等女学校 | 群馬県立利根農林学校 | 前橋市立高等女学校 | |
| 群馬県立富岡高等女学校 | 群馬県立佐波農業学校 | 桐生市立高等女学校 | |
| 群馬県立安中高等女学校 | 高崎市立陽中学校 | 私立共愛女学校 | |
| 群馬県立渋川高等女学校 | 高崎市立高等女学校 | 私立新田農業学校 | |
| 群馬県立吾妻高等女学校 | 伊勢崎市立中学校 | 私立金山家政女学校 | |
| 群馬県立藤岡高等女学校 | 私立前橋厩城中学校 | 私立平方高等家政女学校 | |

『群馬県教育史戦後編上巻』より

等学校」となり、新制中学校「桐丘中学校」を併設した（昭和44年生徒募集停止）。８月２日には財団法人「桐丘学園」が認可となり、同26年２月28日に学校法人となった。

　新制高校55校の内訳は、県立39、市立５、組合立１、私立10で、私立の裁縫女学校から出発し、新制高校になったのは、私立桐ヶ丘高等女学校（桐生市）、私立樹徳高等女学校（同）、私立平方高等家政学校（前橋市）、私立佐藤高等技芸女学校（高崎市）、私立金山家政女学校（太田市）、私立常磐高等女学校（同）の６校であった。

　こうして戦前に中等学校、高等女学校、女子職業学校、裁縫女学校として始まった各種の学校も、戦後は同じ新制高校としてスタートすることになった。それゆえ、激動する時代の変遷の中で、学校間競争に勝ち抜き、私立の裁縫女学校から女子職業学校、高等女学校さらに新制高校へと歩んだ桐生裁縫女学校をはじめとする裁縫女学校６校の経営努力は、大変なものであった。桐生裁縫女学校の発足から桐丘高校に至るまでの歩みを間近で見てきた前原悠一郎は『桐生の今昔』[68]で、次のようにその努力を讃えた。

　　明治三十七年十二月七日附を以て知事の認可を得、桐生裁縫女学校と改称し番幹子女史が校長となつた。その後、同女史は番氏と別家し長沢の姓を名乗り、同校経営の衝にあたられたが、昭和六年十二月同女史は逝去せられ、嗣子長沢義雄氏がその跡を継ぎ、同校々長に就任して女子教育のために尽瘁されたのである。／昭和七年二月我が国女子教育界の偉人、大妻高等女学校長大妻こたか（まま）女史が桐生裁縫女学校理事に就任され、大妻高等女学校の姉妹校として長沢校長を扶けた。同九年二月昇格の件、認可され財団法人桐生家政女学校と改め、中等程度の教育機関となつた。その後更に新校舎を増築し諸般の施設全く成り、女子教育の機関として恥かしからぬ程度に発展し、更に最近鉄筋コンクリート三階建の校舎を新築して、県下に誇る私立桐ヶ丘学園（まま）を現出し、桐ヶ丘女子高等学校となつて現在に及んでいる。加うるに小児の教育のために幼稚園

を創設してこれに附属せしめた。当初桐生裁縫女学校より桐ヶ丘学園へ
そだて上げるまでの、長沢校長の苦心は想像以上である。かゝる発展を
見たことは長沢校長が女子教育のために、真に一身を犠牲にして努力せ
られた結果であつて、有為なる多数の卒業生を出したことは、洵に感激
に堪えない次第である。


## 総合学園へ

　昭和25年（1950）、創立50周年を迎えた。10月29日の記念式典の日の
午後５時からは市内を練り歩く祝賀提灯行列が行われ、沿道の市民は拍手
で歓迎した。

　昭和27年10月には桐丘幼稚園を開園。同38年４月１日桐丘女子短期大
学（被服科）を開学した。群馬県では最初の女子短期大学であった（**表17**）。
同39年に短大に食物科、生活デザイン科を増設。地域の要望に応え、同
43年に高校に男子部を新設し共学校になつた。


**表17　県内に誕生した私立短期大学**

| 短大名 | 開学年 | 前身 | 現在 |
|---|---|---|---|
| 桐丘女子短期大学 | 昭和38年 | 明治34年創立の桐生女子裁縫専門女学館 | 桐生大学・短期大学部 |
| 明和女子短期大学 | 昭和40年 | 昭和８年創立の平方裁縫女学校 | 共愛学園前橋国際大学短期大学部 |
| 群馬女子短期大学 | 昭和41年 | 昭和11年創立の須藤和洋裁縫女学院 | 高崎健康福祉大学・短期大学部 |
| 前橋育英学園短期大学 | 昭和52年 | 昭和42年創立の前橋保育専門学校 | 育英大学・育英短期大学 |
| 高崎短期大学 | 昭和56年 | 昭和41年設立の堀越学園 | 廃止 |
| 新島学園女子短期大学 | 昭和58年 | 昭和22年創立の新島学園中学校・高校 | 新島学園短期大学 |
| 共愛学園女子短期大学 | 昭和63年 | 明治21年に創立された前橋英和学校 | 共愛学園前橋国際大学 |
| 高崎商科短期大学 | 昭和63年 | 明治39年創設の佐藤裁縫女学校 | 高崎商科大学・短期大学部 |

『群馬県史　通史編９』より

共学になると一層部活動が盛んになり、ソフト部・バレーボール部・バスケットボール部が群馬県の強豪校となった。桐丘高校時代は、女子卓球部の活躍が目覚ましく、昭和48年のインターハイ学校対抗（団体戦）で全国制覇を果たし、3台のオープンカーで桐生市内をパレードした。演劇部は昭和60年に群馬県の私立高校で初めて関東大会に進んだ。

　昭和35年には時計台を備えた鉄筋5階建ての本館が完成した。時計台からは朝6時に「楽しき農夫」、午後1時に「校歌」、夕方6時に「埴生の宿」が鳴り響き、桐生の名物の一つとなった。同45年度から男子部は普通科・調理科、女子部は家政科・経済科・普通科・調理科を有するようになった。

　昭和38年に笠懸総合グラウンドが開場し、同43年に短期大学が笠懸学舎に移転。同46年には桐丘短期大学と改称し共学となり、平成元年には校名変更し、学校法人桐丘学園、短期大学は桐生短期大学、高等学校は桐生第一高等学校、幼稚園は桐生短期大学附属幼稚園となった。同9年に短期大学に看護科を開設。群馬県内初の私大の看護学科であった。

　平成11年には桐生第一高等学校硬式野球部が、第81回全国高等学校野球選手権大会（阪神甲子園球場）で優勝。群馬県で初めての全国制覇を果たし、群馬県民栄誉賞・桐生市民栄誉賞を受賞した。

　平成20年には桐生大学を開学、医療保健学部を設置した。同21年に桐生大学附属中学校を開校し、幼稚園（桐生市）・中学校（同）・短期大学部（みどり市）・大学（同）を擁する総合学園へ発展した[69]。


# 2. 創立120年に

## 長澤幹子に見守られ

　桐丘学園創設者・長澤幹子の生涯は、私生活は子どもたちの病死や事故死、そして夫との対立や離婚と、辛苦の連続であったが、臨済宗中興の祖・白隠の血を受け継ぐ者としての矜持から、女子教育を通して社会貢献することで、自らの救いとした。「菩薩行の実践」であった。

　幹子の創設した桐生裁縫女学校
は、私立であったが、近代都市桐
生の地域づくりを担うものであっ
た。いま風に言えば、官民連携し
地域に根差す教育を実践した。

　大妻コタカは、幹子の命日を学
園の創立記念日とするよう助言し、
幹子の命日が創立記念日となった。
２代校長となった長澤義雄と結婚
し学園の経営に参画した八重子は、
幹子の死を悼み、次の追悼歌を遺
した[70]。

長澤幹子胸像

　「亡き母の　みたまは安けく　鎮りて　わが学び舎を　とはに守らん」
　桐生高等家政女学校では卒業アルバムの最初のページに「前校長故長澤
幹子先生肖像画」と「顧問大妻コタカ先生」の写真が掲げられた（43頁）。
コタカが桐丘学園を最後に訪問したのは、長澤義雄によると、昭和44年
（1969）５月19日であった。

　桐丘学園は、創設者の長澤幹子に見守られて、総合学園へと発展し創立
120年を迎えた。

## 巻末　長澤幹子略年表

| | | | | |
|---|---|---|---|---|
| 慶応３年 | 1867 | 12月24日 | 駿河国駿東郡原宿（静岡県駿東郡原町／沼津市）に長沢源蔵の次女として生まれる。長沢家は白隠禅師の生家 | |
| 明治18年 | 1885 | | 番辰雄（のち大亮。沼津裁判所判事。長崎県士族）と結婚。 | 18歳 |
| 明治34年 | 1901 | 7月 | 夫が桐生町の有志の招きにより公証人となったため一家で移住。 | |
| | | 12月１日 | 桐生裁縫専門女学館創設（桐生町本町４丁目94番地の稲垣邸） | |
| 明治37年 | 1904 | 12月７日 | 群馬県知事の認可を得て「桐生裁縫女学校」と改称。 | 37歳 |
| 明治39年 | 1906 | ６月26日 | 桐生町立裁縫補習学校を併置。 | |
| 大正 元年 | 1912 | | 本町１丁目へ移転（森宗作家の所有） | |
| 大正３年 | | 9月 | 桐生町１丁目175番地（天神町）へ移転 | |
| 大正７年 | | 3月９日 | 桐生町１丁目へ移転 | |
| 大正８年 | | 5月 | 桐生町安楽土242番地（高砂町）へ移転 | |
| 大正９年 | | 12月30日 | 高砂町校舎全焼。東町、幸町と移転。 | |
| 大正10年 | 1921 | | 小曽根町１丁目1234番地に新校舎建設。 | |
| | | 9月21日 | 三男修三、病死。 | |
| 大正12年 | 1923 | ９月１日 | 長女美雄子、関東大震災のため湯河原で圧死 | |
| 昭和３年 | | 4月 | 次男・義雄（のち２代校長）が経営に参画 | |
| 昭和４年 | | 1月31日 | 桐生裁縫補習学校を廃止。 | |
| 昭和６年 | 1931 | ７月７日 | 四男直之（24歳）、病死。落胆し気力衰える。発病 | 65歳 |
| | | 11月28日 | 遺書を書く。 | |
| | | 11月29日 | 心臓麻痺により永眠。慶雲院貞幹妙徳大姉。義雄が第２代校長となる | |
| | | 12月６日 | | |
| | | 12月９日 | 学校葬ののち桐生市芳町養泉寺に埋葬 | |
| | | 12月28日 | 大妻コタカの媒酌で、義雄が成瀬八重と結婚。 | |
| 昭和７年 | 1932 | ２月11日 | 大妻高等女学校と姉妹校になり、大妻コタカを理事として迎える。 | |
| 昭和10年 | | 11月11日 | 幹子肖像画完成 | |
| 昭和33年 | 1958 | 12月６日 | 幹子27回忌にあたり養泉寺に憧幡を寄進。 | |
| 昭和35年 | 1960 | 10月28日 | 創立60周年記念。創立者・長沢幹子胸像除幕式。大妻コタカからの講演会 | |

（『桐丘学園創立七十年小史』より）

◆ 引用・参考文献

（1）長澤家については、「旧称澤瀉屋長澤家歴代家系調査書　調査書作成　第十代長澤茂雄実
　　　弟長澤津之　昭和54年5月」。『白隠禅師の生縁と修業時代』、鵠林寺松蔭禅寺、昭和61
　　　年。また、12代当主長澤一成氏より教示。

（2）『原町郷土誌』111－112頁、沼津市歴史民俗資料館、令和2年。

（3）白隠については、『原町誌』349－395頁、原町教育委員会、昭和38年。『白隠禅師の生縁
　　　と修業時代』、鵠林山松蔭禅寺、昭和61年。白隠禅師護持会編集『白隠禅師二百五十年遠
　　　諱記念』、白隠宗大本山松蔭寺代表役員宮本意明、平成27年。『白隠とその時代』、沼津市
　　　歴史民俗資料館、昭和58年―を参照。

（3'）『原町郷土誌』109頁。

（4）鈴木富次郎「白隠さんの修行」『白隠禅師の生縁と修業時代』、鵠林山松蔭禅寺、昭和61年。

（5）長澤幹子追悼録発刊委員会代表長澤祐也『長澤幹子追悼録』4頁、桐生裁縫女学校学友会、
　　　昭和7年。

（6）『長澤幹子追悼録』12頁。

（7）『長澤幹子追悼録』14頁。

（8）『日本史広辞典』1881頁、山川出版社、1997年。

（9）『駿東郡誌』293頁、復刻版、長倉書店、昭和47年。

（10）大妻コタカ『ごもくめし』、大妻学院、昭和54年改訂。

（11）『長澤幹子追悼録』4頁。

（12）前原悠一郎『桐生の今昔』58頁、桐生市役所、昭和33年。

（13）前原悠一郎『桐生の今昔』。手島仁「近代桐生とシンクタンク（1）〜（8）」、東京新聞群馬
　　　版連載手島仁の群馬学講座198－205回、2015年9月21・28日、10月5・12・19・26日、
　　　11月2・16日。

（14）『長澤幹子追悼録』「在校生の部」2頁。

（15）『長澤幹子追悼録』13－14頁。

（16）『群馬県史　通史編9　近代現代3教育・文化』154－155頁、群馬県、平成2年。

（17）『桐生市教育史上巻』272頁、桐生市教育委員会、昭和63年。

（18）『桐生市教育史』上巻876－878頁。

（19）『群馬県史　通史編9』155頁。

（20）『桐生市制十五年誌』910頁、桐生市役所、昭和12年。

（21）『桐生市教育史』上巻887－890頁。

（22）『桐丘学園創立七十年小史』（43頁、学校法人桐丘学園、昭和45年）では、校長の交替に
　　　ついて全く触れていない。『桐丘学園創立百周年記念誌』（学校法人桐丘学園、平成16年）

では、初代校長番幹子と２代校長長澤義雄の在職年数を次のように記している。番幹子は桐生裁縫女学校明治37年12月〜大正６年12月、桐生裁縫補習学校明治39年６月〜大正６年12月。長澤義雄は桐生裁縫女学校大正６年12月〜昭和９年３月、桐生裁縫補習学校大正６年12月〜昭和４年１月。その典拠は不明であるが、幹子が校長職をいったん退くのは大正６年12月ということになる。

(23)『群馬県史　第四巻』757頁、群馬県教育会、昭和２年。

(24)『長澤幹子追悼録』40−41頁。

(25)県行政文書はすべて、群馬県立文書館蔵。『御真影勅語 県立学校費 幼稚園及図書館 各種学校』『私立学校 任免 補習学校 雑件』

(26)『桐丘学園創立七十年小史』13頁。

(27)『桐丘学園創立百周年記念誌』65頁。

(28)『長澤幹子追悼録』27頁。

(29)『桐丘学園創立七十年小史』12・17頁。

(30)『長澤幹子追悼録』「在校生の部」12頁。

(31)『長澤幹子追悼録』39頁。

(32)『長澤幹子追悼録』50−51頁。

(33)『長澤幹子追悼録』「在校生の部」8頁。

(34)『長澤幹子追悼録』23−26頁。

(35)『長澤幹子追悼録』27頁。

(36)『長澤幹子追悼録』30頁。

(37)『長澤幹子追悼録』38頁。

(38)『長澤幹子追悼録』「在校生の部」４−５頁。

(39)『長澤幹子追悼録』「在校生の部」20頁。

(40)『桐丘学園創立七十年小史』21頁。

(41)熊田みゆき「伯母様の霊にさゝぐ」『長澤幹子追悼録』６−８頁。熊田みゆきは、「大妻技芸学校・大妻高等女学校教諭」の肩書で、愛知県立前知多高等学校教諭・土屋きたおと共著で『現代図解礼儀作法全書』(学術出版社、昭和11年)を出版している。同書の序文は大妻技芸学校・大妻高等女学校長の大妻コタカが書いている。また、『家庭女学講習録』(昭和16年第４巻)には、「婦人道徳講話　大妻高等女学校長・大妻技芸学校長・本会学監　大妻コタカ述」「礼儀作法講義　大妻高等女学校教諭　丸山いと述」「水引折紙講義　大妻技芸学校講師　熊田みゆき述」が収載されている。みゆきは昭和49年(1979)に81歳で亡くなった(大妻コタカ・大妻良馬研究所・高垣佐和子氏より教示)。

(42)大妻コタカ「長澤みき様と私」『長澤幹子追悼録』8頁。

(43)大妻コタカ『ごもくめし』207頁。

(44)『大妻コタカ追悼録』101－102頁、大妻学院、昭和45年。

(45)『長澤幹子追悼録』3頁。

(46)『長澤幹子追悼録』1－4頁。

(47)『長澤幹子追悼録』29頁。

(48) 県行政文書、群馬県立文書館蔵。

(49)『長澤幹子追悼録』「在校生の部」6頁。

(50)『長澤幹子追悼録』。

(51)『長澤幹子追悼録』44－45頁。

(52)『群馬県人名大辞典』493頁、上毛新聞社、昭和57年。

(53)『長澤幹子追悼録』「在校生の部」18－17頁。

(54)『長澤幹子追悼録』39－40頁。

(55)『桐丘学園創立七十年小史』17頁。

(56)『長澤幹子追悼録』「在校生の部」22頁。

(57)『長澤幹子追悼録』「在校生の部」4頁。

(58)『長澤幹子追悼録』「在校生の部」16頁。

(59)『桐生市教育史』下巻225頁で「桐生市高砂町242番地に生まれた」とあるのは間違いである。昭和7年1月11日に金澤正雄知事宛てに提出した「私立学校長選定許可願」に「原籍地　群馬県桐生市高砂町二四二番地」とあることから誤認したと思われる。

(60)『桐丘学園創立百周年記念誌』62頁。

(61) 大妻コタカ・大妻良馬研究所高垣佐和子氏より教示。

(62)『群馬県教育史第四巻昭和編』470－470頁、群馬県教育委員会、昭和50年。

(63)『群馬県史　第四巻』749－750頁。

(64)『群馬県教育史　第二巻』646－647頁。

(65) 群馬県教育史　第一巻　明治編上巻」、群馬県教育委員会、昭和47年。『群馬県教育史　第二巻　明治編下巻」、群馬県教育委員会、昭和48年。『群馬県教育史　第三巻　大正編』、群馬県教育委員会、昭和49年。『群馬県教育史　第四巻　昭和編』、群馬県教育委員会、昭和50年。『群馬県史通史9　近代現代3教育・文化』、群馬県、平成2年。

(66)『桐生市教育史』上巻812頁、同下巻183－184頁。

(67)『群馬県史通史編9　近代・現代3教育・文化』280－281頁。

(68) 前原悠一郎『桐生の今昔』58－59頁。

(69) この項は、『桐丘学園創立百周年記念誌』による。

(70)『長澤幹子追悼録』3頁。

## あとがき

　長澤幹子が創設した桐丘学園は、令和３年（2021）12月に創立120年を迎えた。本文で見たように群馬県内の私立学校として、その伝統を誇る。ところが、これまで長澤幹子にあまり光が当てられてこなかった。

　群馬県で教育史研究が本格化したのは、群馬県教育委員会が『群馬県教育史』を編纂してからである。これを受けて、県内の主要な都市では各市の教育史の編纂が進んだ。群馬県教育史は、昭和47年に第一巻（明治編上巻）、翌48年に第二巻（明治編下巻）として刊行され、以後、大正編（第三巻）、昭和編（第四巻）、人物編（別巻）と続き、さらに戦後編も刊行されるという、群馬県の大事業であった。

　ところが、『群馬県教育史』で長澤幹子は触れられることはなかった。『群馬県教育史別巻人物編』（昭和56年）「第五章第五節　私立裁縫女学校につくした人々」で、取り上げられたのは、鈴木たま（明治裁縫女学校）・柳下とみ（和洋裁縫学校）・佐藤夕子（佐藤裁縫女学校）・野口周善（樹徳裁縫女学校）・常見ろく（太田裁縫女学校）・平方金七（平方裁縫女学校）の６人であった。また、創設した桐生裁縫女学校を前身とする学校のことも詳しく記述されなかった。その理由は、桐丘学園は初めての学園史『桐丘学園創立七十年小史』を昭和45年に刊行したが、創立時代の記録が火災で焼失したことが原因で、長澤幹子や創立期のことを示す資料を、同小史に収めることができなかったことによると思われる。その結果、上毛新聞社が昭和57年に『群馬県人名大事典』を発行したが、２代校長・長澤義雄は登載されても、創設者の幹子は登載されなかった。

　桐生市では、昭和58年に桐生市教育史編さん委員会事務局を開設し、『桐生市教育史』の編纂事業を開始し、上巻が昭和63年、下巻が平成５年にそれぞれ刊行された。群馬県教育史に長澤幹子や桐生裁縫女学校のことがほとんど掲載されていない不備を補うため、『長澤幹子追悼録』『桐丘学園創立七十年小史』や県行政文書などを収集し、その記述に努められた結果、よう

やく『桐生市教育史』という正史に長澤幹子のことが登場するようになった。

　引き続き、桐生市教育委員会は桐生市制施行80周年を記念して、『明日へ伝えたい―桐生の人と心』（上巻・下巻）を平成16年に刊行した。政治・産業・経済・文化・教育やスポーツなどにおいて桐生を支え、桐生の発展に貢献した120余りの人物の生き方や考え方が紹介されている。その中に「番（長沢）幹子」（下巻）が収められたのも、『桐生市教育史』に長澤幹子が収められた成果であった。

　しかし、長澤幹子の生き方や考え方を知る場合に、その基礎的な文献となると『長澤幹子追悼録』だけで、収められた追悼文から、幹子の生き方や考え方を詳しく知ることは難しく、推測や一般論を援用した叙述にならざるを得ないという限界がある。

　学園創設者の生き方や考え方を伝えるのは、学園の責務であるとの、桐丘学園理事長・関﨑亮氏の考えのもと、創立120年を迎えるに当たり、関﨑理事長・同学園内部監査室長中村操氏とともに、長澤幹子の生家である静岡県沼津市の澤瀉屋・長澤家を訪問し、第12代当主・長澤一成氏（株式会社耕文社代表取締役社長）にお目にかかり、白隠が住職を務めた宗教法人白隠宗大本山松蔭寺代表役員・宮本意明氏にもお話を伺った。さらに学校法人大妻学院を訪問し、理事長・学長の伊藤正直氏、同院総務センター部長・木村光江氏、一般社団法人大妻コタカ記念会会長・井上小百合氏、大妻女子大学博物館大妻コタカ・大妻良馬研究所学務助手・高垣佐和子氏らにお目にかかり、ご指導を賜った。

　また、長澤幹子の菩提寺・養泉寺の田中秀孝住職、同住職から幹子の長男・番正雄氏の孫に当たる敦成氏をご紹介していただき、お話を伺うことができた。

　それと並行して、桐丘学園経営企画部の鈴木恭子氏と群馬県立文書館、同図書館、桐生市立図書館、前橋市立図書館で、改めて資料収集に努めた。

　しかしながら、長澤幹子に関する一次資料は極めて少なく、本書では、近代都市桐生の地域づくり、群馬県教育史、桐生市教育史の中で、長澤幹

子と桐生裁縫女学校がどのように位置づけられるかという、これまでになかった視点からの考察を加え、教育者・長澤幹子の人物像を明らかにすることに努めた。記述については、幹子は昭和６年に病没するが、その遺志が大妻コタカを後見人に次男・義雄によって引き継がれていったので、昭和戦前期までを主な対象とした。なお、本書では敬称は現存者に限らせていただいた。

　本書の編纂に当たり、前述した個人及び団体に改めて感謝の意を表するとともに、上毛新聞社デジタルビジネス局出版部の富澤隆夫氏に御礼を申し上げます。

〈著者略歴〉

**手島仁**（てしま・ひとし）
　1959年生まれ。一般社団法人群馬地域学研究所代表理事。桐丘学園評議員。著書に『中島知久平と国政研究会』（日本法政学会奨励賞）、『総選挙で見る群馬の近代史』、『鋳金工芸家・森村酉三とその時代』、『画家・住谷磐根とその時代』、『石坂荘作と顔欽賢―台湾人も日本人も平等に―』ほか。平成27年NHK大河ドラマ「花燃ゆ」の時代考証を担当。同28年関東甲信越地域放送文化賞受賞など。

－ 近代都市桐生を支えた － 桐丘学園創設者 長澤幹子
著　者　…　手島　仁
発　行　…　令和3年11月24日　初版発行
企　画　…　学校法人 桐丘学園
発　行　…　上毛新聞社デジタルビジネス局出版部
　　　　　　〒371-8666　前橋市古市町1-50-21
　　　　　　TEL … 027-254-9966　FAX … 027-254-9965